아르메니아인
제노사이드

아르메니아인 제노사이드

니콜라이 호바니시안 지음
이현숙 옮김

KSI 한국학술정보[주]

이 책은 전 세계 독자들에게 아르메니아인 제노사이드를 간략하게 알리는 것을 목적으로 한다. 아르메니아인 제노사이드 혹은 아르메노사이드는 제1차 세계대전 기간에 오토만 제국에서 자행된 20세기 최초의 제노사이드이다. 이 책에서는 아르메니아인 제노사이드의 원인과 배경, 정치적 동기와 민족적-인종적 동기들, 제노사이드의 규모와 실행 메커니즘을 밝히는 한편, 이를 계획하고 잔혹하게 실행에 옮겼던 청년 투르크와 그 대표자들의 책임을 규명하고 이를 이슈화하고 있다.

또한 이 책의 저자는 국제사회와 현 터키 정부의 아르메니아인 제노사이드 승인 문제를 언급하고 있다.

:: 역자 서문

아르메니아는 한국의 3분의 1의 면적에 인구 300만 명이 거주하는 작은 나라이다. 그렇지만 아르메니아는 티그리스강과 유프라테스강을 수원水源으로 하는 문명의 발상지에 위치하고 있으며 역사상 최초로 기독교를 국교로 받아들인 유서 깊은 나라이다.

동서양의 교차로에 위치하고 있는 아르메니아는 세계 역사에서 강대국들의 각축장으로 나타났다. 고대에는 로마 제국과 비잔틴 제국의 지배를 받았고, 몽골의 침입 이후 16세기부터는 동아르메니아와 서아르메니아로 나뉘어 각각 페르시아와 오스만 제국의 통치하에 있게 되었다.

아르메니아인 제노사이드Armenian Genocide는 제1차

대전 중인 1915년에서 1916년 사이에 오스만 제국의 동부, 즉 서아르메니아에서 자행된 아르메니아인 대학살 사건을 일컫는다.

아르메니아인 제노사이드가 시작된 날은 통상 1915년 4월 24일로 간주된다.

'붉은 일요일'Red Sunday로 불리는 이날, 오스만제국의 수도 콘스탄티노플에서 250명의 아르메니아 지식인과 저명인사들이 체포되었다. 이들은 집단으로 처형되었고 곧이어 추방령이 행해졌다. 오스만 제국에 거주하는 아르메니아인들은 집과 재산을 빼앗기고 사막으로 내몰렸다. 이때 사망한 아르메니아인의 숫자는 약 150만 명으로 추정된다.

아르메니아에서는 매년 4월 24일을 제노사이드 추모일Genocide Remembrance Day로 지정하여 이 비극적 사건을 기억하고 있다.

그러나 한 민족의 절멸을 목적으로 하는 이 거대한 범죄는 제1차 세계대전의 포화 속에 파묻혀 의당 받아야 할 주목을 받지 못하였다.

이 책은 아르메니아인 역사학자에 의해 망각된 자국의 역사를 일깨우고 이를 전 세계에 알리려는 목적으로 저술되었다. 저자는 아르메니아 국가의 간략한 역사, 아르메니아인 제노사이드가 행해질 당시의 국제 정세와 오스만 통치자들의 정책, 제노사이드의 전개 과정과 그 범죄적 사실들, 그리고 아르메니아인 제노사이드에 대한 주변 강대국들의 태도 등을 개괄적으로 서술하고 있다.

히틀러는 유대인 홀로코스트를 계획하면서 "누가 지금 아르메니아인 제노사이드를 기억하겠는가?"라고 반문했다. 이 책의 저자가 서문에서 이야기하듯이, 아르메니아인 제노사이드에 대한 이해와 충분한 정보가 있었다면 나치의 유대인 홀로코스트를 위시하여 캄보디아의 킬링필드, 르완다 대학살과 같은 일련의 비극적인 사건들을 예방할 수 있었을지도 모른다.

아르메니아인 제노사이드는 지금도 끝나지 않았다. 제노사이드 자체를 부정하는 터키 공화국과의 갈등, 터키의 입장에 동조하는 아제르바이잔과의 영토 분쟁, 제노사이드의 승인에 대한 유럽과 미국의 태도 등, 아르메니아인 제노사이드를 둘러싼 국제사회의 역학관계는 20세기의 이 비극적인 역사가 현재에도 여전히 진행 중인 사건이라는 것을 알게 한다.

이제 제노사이드는 아르메니아인의 민족정체성을 규명하는 기본 요소가 되었다. 아르메니아인들은 자신의 선조들이 경험했던 폭력의 역사를 기억하고 그 내상內傷을 치유하는 것을 21세기의 역사적 과제로 삼고 있다.

이에 아르메니아의 비극적인 역사를 함께 기억하고 그 트라우마를 극복하는 데 일조하는 것은 세계화 시대를 살아가는 현대인의 과제로 간주된다.

이 책이 그러한 작업에 참여하는 과정이 되길 바란다.

이현숙

:: 저자 서문

20세기는 제노사이드의 세기로 역사에 입문하였다. 지금까지 인류역사에서 그토록 많은 민족이 물리적 박해의 대상이 되거나 그 위험에 처해 있었던 적은 없었다.

20세기의 첫 번째 제노사이드는 1915년 오스만 제국에서 자행된 아르메니아인 제노사이드로 간주된다.

'제노사이드'genocide란 용어는 1944년 유대계 폴란드 변호사 라파엘 렘킨Raphael Lemkin이 처음 사용한 이후부터 학술 문헌과 정치적 어휘로 등장하였다.[1]

---

1) '제노사이드'(genocide)는 인종을 나타내는 그리스어 'genos'와 살인을 나타내는 'cide'가 결합된 것으로서 "일정한 민족, 인종, 종교, 지역 집단의 전체 혹은 일부를 조직적이고 체계적으로 살상하는 것"으로 정의된다. '제노사이드'란 용어는 1944년 법률학자 라파엘 렘킨(1900~1959)이 국제법에서 집단 학살을 범죄 행위로 규정할 것을 제안하면서 처음 사용되었다. (-역주)

렘킨은 이 용어를 고안하면서 분명히 20세기 초 두 개의 커다란 비극을 염두에 두었을 것이다. 그것은 제1차 세계대전 중 오스만 제국에서 자행된 아르메니아인 제노사이드와 제2차 세계대전 중 파시스트 독일에서의 유대인 홀로코스트이다. 렘킨은 그것이 일반적인 살육이나 학살과는 질적으로 다른 완전히 새로운 현상으로서 근본적으로 새로운 접근과 평가, 과학적 정의를 요구하는 것임을 정확하게 지적했다.

렘킨은 이러한 생각을 기조로 오스만 제국과 독일 파시스트 통치자들의 인간 혐오적인 정치 계획과 목표, 이를 실행하는 방법과 메커니즘을 광범위하게 연구하였다. 그리하여 렘킨은 술탄의 행정관들과 그 후예인 독일 파시스트들이 아르메니아인과 유대인에게 자행했던 것은 한 민족의 말살정책, 즉 제노사이드에 다름 아니라는 결론에 도달했다.

제노사이드는 여러 국제조직에 범죄 용어로 받아들여졌다. 국제사회에서 이를 맨 처음 수용한 것은 오늘날 가장 권위 있는 조직인 유엔이었다.

1948년 12월 9일 유엔총회는 '제노사이드 범죄의 예방과 처벌에 관한 조약'을 체결했다. 이것은 역사적 의미를 지닌 국제기록이었다. 조약에 따르면, 제노사이드는 인종적·국가적·종교적 동기로 인한 직접적 살해 혹은 그 집단에 속한 인물들에 대한 심각한 육체적·정신적 위해로써 특정집단의 말살을 목적으로 하는 정책으로 정의된다. 이러한 개념에는 부분적 혹은 전체적으로 이 집단의 말살을 위한 생활의 조건을 미리 조성하는 것이 포함되어 있는데, 그것은 주어진 환경, 즉 특정집단 내에서 출생을 방지하거나 한 집단에서 다른 집단으로 아동의 강제이주 등의 방법을 택하는 것이다.

이러한 유엔의 인정서는 제노사이드가 반인류 범죄로서 처벌을 받아야 한다는데 대한 역사상 최초의 국제적 확약이었다.

1968년 유엔총회는 '전쟁 범죄와 반인도적 범죄에 대한 시효 부적용에 관한 조약'Convention on Non-Applicability of Statutory Limitations to War Crimes and Crimes Against Humanity을

채택했다. 이는 제노사이드에 대한 법정 제한을 승인하지 않는다는 의미에서 또 다른 중요한 의제였다.

이와 같이 제노사이드의 창안자와 입안자, 그리고 조직자와 그 하수인의 처벌에 대한 이슈는 국제법에 있어 주요 의제가 되었고 현재까지도 국제정책의 주요 관심사로 남아 있다.

타민족에 대한 제노사이드 범행은 이 이슈를 조명해야 할 필요성과 더불어 제노사이드학Genocidology이라는 새로운 학문 분과를 양산했다.

제노사이드 연구가들은 아르메니아인과 유대인의 제노사이드는 물론 그 후속적인 제노사이드에 대한 광범위한 연구와 분석을 통해 '제노사이드 국가'와 '제노사이드 사회'라는 테제를 산출할 수 있는 토대를 마련했다. 연구에 따르면, 제노사이드는 결코 우연히 일어나는 것이 아니다. 모든 사회가 제노사이드를 준비하는 것도 아니며 일어날 가능성이 있는 모든 국가에서 제노사이드가 일어나는 것도 아니다. 제노사이드 범죄는 특별한 구조를 가진 사회에서 일어날 가능성이 큰 것으로 나타난다. 그것은 지배 민족이 우세한 가운데 강제동화 혹은 말살을 통한 '이물체'extraneous bodies로부터의 해방을 추구하고, 단일한 인종의 '순수' 사회 형성이라는 '미잔트로픽'misanthropic[2)]적 경향이 팽배한 사회이다.

'제노사이드 국가'의 정의를 아르메니아인 제노사이드와 유대인 홀로코스트에 적용할 때, 우리는 그것이 오스만 제국과 파시스트 독일에 완전히 적합하다는 것을 알 수 있다. 앞서 언급한 모든 변수들, 즉 지배민족인 터키나 게르만 민족의 우월 이데올로기, '외계' 민족alien nations으로부터 오스만 제국과 나치 독일의 정화를 무력으로 꾀하는 정부정책, 폭력, 고문, 대량살상에 대한 엄청난 경험과 고급 '문화', 그리고 이러한 정책을 불가피한 것으로 이해하는 사회 현상 등, 연구가들은 이 두 나라를 '제노사이드 국가' · '제노사이드 사회'라고 부를 수 있게 되었다.

1960년대 초부터 '아르메니아인 제노사이드'와 함께 '아르메노사이드'Armenocide라는 용어가 사료에 등장

2) '인간혐오'의 뜻

하기 시작했다.

‘아르메노사이드’라는 용어의 창시자는 레바논의 아랍 역사가 무사 프린스Moussa Prince이다. 이 용어는 렘킨의 ‘제노사이드’와 유사한 맥락에서 생겨난 것이 분명한데, 무사 프린스에 따르면, ‘아르메노사이드는 가장 제노사이드적인 제노사이드’이다.

본 작업은 아르메노사이드의 광범위한 이해에 비중을 두지 않는다.

우리의 과제는 보다 단순한 것이다. 그것은 아르메니아인이 아닌 외국 독자들에게 20세기 첫 번째 제노사이드인 아르메노사이드의 원인과 그 정치적 · 인종적 동기들, 청년 투르크Young Turks가 자행한 범죄의 목표와 계획, 범행의 수단과 방법, 그 결과 그리고 이에 대한 열강들의 자세와 책임 등에 관한 이슈의 윤곽을 일반적이고 간략하게 개관하고자 하는 것이다.

N. 호바니시안

:: CONTENTS

역자 서문 • 6

저자 서문 • 10

아르메니아의 역사, 간략한 역사적-지리적 개관 • 19

오스만 제국의 서아르메니아 정복 • 37

오스만 제국 내 아르메니아인의 사회-경제, 국가-정치, 영토-행정 상황 • 49

아르메니아 문제와 그 발전 단계 • 63

아르메니아인 제노사이드-아르메노사이드 • 91

아르메니아인 제노사이드의 승인 • 145

해설: 왜 아르메니아인 제노사이드를 기억해야 하는가 • 159

아르메니아인 제노사이드 개관 • 166

아르메니아의 역사, 간략한 역사적-지리적 개관

아르메니아의 역사, 간략한 역사적-지리적 개관

아르메니아인의 정착지는 아르메니아 고지대Armenian Highland 1)이다. 아르메니아 고지대는 주변 고지대들 가운데 매우 중요한 위치를 차지하는데 동쪽으로 이란, 서쪽으로 아나톨리아 고원Anatolian Plateaus과 경계하고, 북쪽으로는 폰틱Pontic 산맥과 남쪽으로는 아르메니아 타우르스Armenia Taurus와 접경하고 있다.

아르메니아 고지대는 풍부한 수자원을 지니고 있다. 이 지역에는 세 개의 주요한 호수가 있는데, 현재 아르메니아 공화국 영토에 위치하고 있는 세반과 우

1) '아르메니아 고지대'(Armenian Highland) – 구약성서에서 에덴동산이 위치했다고 전해지는 전설적인 지역으로 아르메니아영토의 대부분이 이에 속해 있다. 한편 고지대의 대부분은 터키에 해당되고 남그루지야, 서아제르바이잔, 북이란도 고지대에 포함된다. (–역주)

르미아(현재 이란 땅), 반(현재 터키 땅)이 그것이다.

아르메니아 고지대로부터 중동Middle East과 코카서스Transcaucasia 지방의 거의 모든 중요한 강들이 흘러나온다. 그중에서 티그리스 강은 남 이라크의 유프라테스 강에 합류하여 샤탈-아랍Shattal-Arab을 형성하고 페르시아 만으로 흘러 들어간다. 성서에 따르면, 유프라테스 강은 에덴에 흐르는 네 강 중 하나였다.[2)]

아르메니아 고지대에서 주목할 만한 수로水路는 아르메니아인들이 '마더 아락스'Mother Araks라고 불렀던 아락스 강과 아라트자니 강이다. 이 밖에 흐라즈단 강, 아후리안 강, 보로탄 강 등 크고 작은 수많은 강들이 있는데, 이 강들이 아락스 강에 합류하여 쿠라 강으로 흐르고 그 다음에 카스피 해로 흘러드는 것이다.

아르메니아 고지대에는 몇몇 높은 산들이 있다. 그중에서 무엇보다 중요한 것은 아라라트 산Mount of Ararat이다. 성서에 등장하는 이 산은 아르메니아 국

2) The Holy Bible, Containing the Old and New Testaments, The New King James Version, The Gedeon international in Australia, 1987, printed in Korea, p.2.

가와 민족의 상징이다. 이 경이로운 자연은 두 개의 봉우리를 갖고 있는데, 그 하나는 대大아라라트 혹은 대마시스(5,165m)이고 다른 하나는 소小아라라트 혹은 소마시스(3,914m)이다. 성서에 따르면, 대아라라트는 홍수가 끝난 뒤 노아의 방주가 정착했던 곳이다. "그리고 방주는 일곱 번째 달 일곱 번째 날에 아라라트 산에 머물렀다."[3]

아르메니아 고지대의 높은 봉우리들 가운에 시판(4,434m)과 아라가츠(4,095m) 또한 언급할 가치가 있다.

아르메니아 고지대의 대부분은 비옥한 평원과 계곡으로 고대부터 농업과 경작의 중심이 되었다. 아라라트 평원은 다른 모든 평원들, 즉 바센, 쉬락, 알라쉬케르트, 무쉬와 같은 평원들 중에서도 가장 크고 비옥한 평원이었다.

아르메니아 고지대는 30만 스퀘어 킬로미터에 걸쳐 펼쳐져있다. 그런데 현재 아르메니아는 그 십분의 일에 불과한 3만 스퀘어 킬로미터만 차지하고 있

---

3) Ibid., p.7.

다. 다른 아르메니아 고지대는 대부분 터키의 영역에 속해 있다.

아르메니아인은 세계에서 가장 오래된 문명 민족의 하나이다. 아르메니아인은 아시리아인, 아카디아인, 히타이트인, 유대인, 그리스인, 페르시아인 등 아시아 전방Front Asia을 대표하는 여러 민족들과 동시대인이었다.

아르메니아인은 아르메니아 고지대의 원주민이었다. 여기서 그들은 민족을 형성했고 그 역사의 합법적 주체가 되었다.

아르메니아 고지대의 원주민은 '하이'Hai와 '아르멘'Armen으로 불렸다. 전자는 아르메니아인들이 자신을 지칭하는 것으로, 이는 히타이트 설형문자의 출처에 따르면 '하야사'Hayasa란 명칭으로 나타난다.

히타이트는 중앙 아나톨리아에 세워져서 BC 17세기~18세기에 존재했던 나라이다. 히타이트는 자신의 동쪽에 있는 나라를 '하야사'라고 불렀는데, 그것은 스스로 '하이'라 칭하는 이름에 히타이트어 고유의 어미 'as'를 붙인 것이다. 그래서 'Hai'+'as' = 'Hayasa'가 된 것이다. 여러 학자들의 의견에 따르면, "하야사는 아르메니아인의 요람이었다."[4)]

스스로 '하이'라 칭하였다는 것은 아르메니아의 출처에서도 확인된다. 이는 몹세스 호레나치Movses Khorenatsi, 팝스토스 부잔드Pavstos Buzand, 아가산겔로스Agathangelos, 세베오스Sebeos, 라자르 파르베치Lazar Parbetsi, 게본드Ghevond와 그 밖의 여러 사람들의 서면 기록에 남아 있다.

외국인들은 아르메니아인을 '아르멘'이라고 불렀다. 그렇지만 예외적으로 그루지야인은 자신의 남쪽 이웃을 '소메히'Somekhi라고 불렀다.

'아르멘'이란 명칭이 처음 나타난 것은 BC 520년 아카에메니드 왕 다리우스 1세의 3개 국어(페르시아어, 엘람어, 바빌론어)로 씌어진 베히스툰 비명碑銘이다. 역사가들이 이 용어의 어원을 보다 초기인 BC 8세기 반 호수Van Lake의 남서쪽에 존재하였고 그리스

---

4) Каланцян Г., Хайаса - колыбель армян, Ереван, 1947.

인들이 '아르메'Arme라 불렀던 나라와 연결시킨다는 것을 언급할 필요가 있다. 이는 이 나라의 민족이 '아르멘'Armens이라 불렸고, 그들의 나라가 고대 로마의 전통에 따라 '아르메니아'Armenia라 불렸기 때문이다.

아르메니아인은 자신의 언어인 아르메니아어를 갖고 있었다. 아르메니아어는 유형학적으로 인도-유럽어족에 속한다. 아르메니아어와 동일한 어족에 속하는 언어로는 산스크리트어와 인도어, 그리스어, 이란어(페르시아어, 다리어, 쿠르드어 등), 로망스어(프랑스어, 스페인어, 이탈리아어, 루마니아어 등), 게르만어(독일어, 영어, 네덜란드어, 스웨덴어 등), 슬라브어(러시아어, 폴란드어, 세르비아어, 불가리아어 등) 등이 있다.

아르메니아어는 아르메니아 민족의 형성과 강화, 발전, 그 정체성의 보존에 매우 중요한 역할을 하였다.

아르메니아인은 긴 역사를 통하여 다양한 발전 단계를 통과해 왔다. 그들은 여러 민족과 소통하고 서로 다른 동서양의 문명과 접하면서 이를 이용하였다. 그리고 그들의 귀중한 경험을 차용하는 동시에 자신의 고유한 정신적·문화적 가치들과 많은 부분을 공유하게 하였다. 아르메니아인은 동양과 서양의 경계에서 형성된 서로 다른 사회적, 정치적, 대중적, 문화적, 종교적, 이데올로기적, 진보적 모든 새로운 현상에 대하여 극단적으로 민감하면서도 수용적인 태도를 보였다. 달리 말해, 아르메니아인들은 항상 최신의 감각을 유지하였고 선구적 행동을 한 적도 자주 있었다.

이와 관련하여 우리는 아르메니아인의 운명에 결정적인 역할을 하였던 주요 사건 두 가지를 언급할 수 있다.

첫 번째는, AD 301년 기독교를 아르메니아의 국교로 선포한 것이다. 기독교 사상이 발원하고 보다 먼저 유포된 곳은 중동, 특히 팔레스타인이었다. 이곳에서부터 여러 경로를 통해 아르메니아에 전해졌던 것이다. 이때 눈에 띄는 것은 그리스도의 두 제자 바돌로메와 다대오의 역할이었다. 아르메니아는 세계 최초로 기독교를 국교로 수용한 나라이다. 이는 AD 301년 아르메니아의 왕 티리다테스Tiridates 3세 치하에서 계몽자 그리고리Grigory the Illuminator의 발의와 노력에 의해 행해졌다.

그로부터 수세기 동안 기독교의 인본주의 원칙은 아르메니아 국가와 아르메니아 민족의 영원한 지주가 되었다. 이로 인해 그들은 수없이 많은 시련을 겪으며 그 몇 배의 대가를 지불했지만 그래도 결코 기독교의 고결한 정신적·문화적 가치를 버리거나 포기하지 않았다. 여기서 아르메니아 사도교회Armenian Apostolic Church의 역사적 역할이 지대했다는 것은 의심할 여지없는 사실이다.

둘째, AD 405년 메스롭 마쉬토츠Mesrop Mashtots가 아르메니아어 알파벳을 발명하였다. 이는 아르메니아 문명의 발전과 아르메니아민족의 정신적·문화적 가치의 향상과 진보, 그리고 아르메니아인의 민족적 정체성의 보존에 있어 특별한 의미를 지니는 것이었다.

문자의 발명은 아르메니아의 문화와 문명의 참신

한 자극제로서 그 발전수준을 한층 더 높이 끌어올리는 역할을 하였다. 문자의 창시자이기도 한 메스롭 마쉬토츠는 성인품聖人品을 받았다.

문자의 발명 이후 맨 처음으로 번역된 것은 성경이었다. 성경의 번역본은 완벽하고 모범적인 것으로 인정받았다. 저명한 아르메니아 연구가인 독일학자 마르콰르트Markwart는 이를 '번역의 여왕'the queen of translations이라 부르며 높이 평가했다.

아르메니아의 과학, 사료 편찬, 철학, 수학, 천문학, 지리학, 문학과 예술, 특히 건축과 조명술은 높은 수준에 도달했고 세계문명에 심대한 기여를 했다.

전 역사를 통해 아르메니아인은 자신만의 국가를 갈망했다. 이들은 국가를 민족 정체성과 안보, 그리고 정치 · 경제 · 사회 · 문화 발달에 대한 가장 믿을 만한 요새로 간주했다.

아르메니아인은 고대국가를 창조한 민족의 하나이다.

히타이트 자료와 최근 조사에 따르면, 첫 번째 아

르메니아국Armenian State은 히타이트 동쪽에 자리 잡은 하야사 왕국이다. 그것은 유프라테스 강과 트조로흐 강, 그리고 아락스 강의 상류를 아우르고 흑해의 남부 해안에까지 이르렀다. 하야사 왕국은 BC 15~12세기에 존재했는데, 미타니, 아시리아, 카사(동부 폰틱 지역), 허리안 왕국(북부 이라크)과 그 밖에 이 지역의 여러 나라들과 정치적, 상업적, 경제적 관계를 지속하면서 당시의 국제정치와 국제관계에 중요한 역할을 하였다.

이 시기 정치상황은 불안정하고 복잡하게 뒤얽힌 특수한 현상으로 나타났다. 어떤 한 국가가 정치 무대에 등장하여 빠르게 권력을 획득하였는가 하면 이내 사라지곤 하였다. 아르메니아와 아르메니아인 역시 이러한 패턴을 고수하였다. 이에 아르메니아 고지대에서는 하야사를 대체하는 다른 국가체제의 아르메니아가 등장하였다.

아르메니아인에 의해 세워진 여러 국가 가운데 아르탁시아드(아르타쉬드) 왕국(BC 19~AD 1)은 특별한 위치를 점유하고 있었다. 이 왕조의 창시자인 아르탁시아스(아르사쉬스)는 아르메니아 고지대 전체를 아우르는 역동적이고 강력한 아르메니아 국가를 수립할 수 있었다.

아르메니아의 국력이 절정에 도달했던 시기는 아르탁시아스 1세의 손자 티그라네스 2세(BC 95~ BC 55) 치하였다. 그는 아르메니아 제국의 창시자로서 티그라네스 대왕Tigranes the Great으로 잘 알려져 있다. 티그라네스 2세는 아르메니아 연합국가의 경계 내에서 아르메니아 원주민 땅을 통일한 후 주변 왕국들을 병합하기 시작했다. 이 시기 아르메니아 제국은 메디아(아트로파테네), 북부 메소포타미아, 시리아, 페니키아(레바논), 팔레스타인, 이스라엘, 코마게네 등과 같은 나라들을 포함하고 있었다. 제국의 전선은 이집트까지 형성되었고, 파르티아의 왕은 티그라네스 대왕에게 '왕 중 왕'king of kings이란 칭호를 선사했다.

티그라네스 2세 때 아르메니아는 극동의 가장 강

력한 국가가 되었다. 로마와 파르티아가 여기에 합류하였고, 로마-아르메니아-파르티아의 트라이앵글이 한때 세계 주요지역의 정치를 좌우하였다.

AD 1세기 아르탁시아드 왕조의 멸망 이후 아르메니아에는 AD 66년 아르사키드Arsacids 왕조가 수립되어 428년까지 지배하였다.

아르사키드 통치 하에서도 아르메니아는 아시아 전방의 영향력 있는 국가의 하나로서 이 지역의 힘의 균형을 유지하기 위해 결정적인 역할을 하였다. 로마와 파르티아가 이 세계적인 전략적 요지에서 자신의 입지를 강화하는 방편으로 아르메니아와 동맹을 맺기 위해 끊임없이 싸워왔던 것도 이런 이유에서이다.

428년 아르사키드 왕조의 몰락 이후 아르메니아는 7세기 중반까지는 페르시아의 일부로서, 7세기 중반부터 885년까지는 아랍 칼리파테Caliphate의 일부로서 독특한 자율적인 지위를 보존하고 있었다. 이 시기 아르메니아의 정치력은 아르메니아 국가를 다시 회복할 수 있을 정도로 강화되었다.

885년 아랍 칼리파테는 아르메니아의 독립을 승인할 수밖에 없었다. 칼리프Caliph 무타미드는 아르메니아 왕 바그라투니의 아쇼트 1세에게 왕관을 보냈다.

아르메니아는 카프카스와 아시아 전방 지역의 복잡한 국제사회와 정치관계에서 다시 중요한 역할을 하였다. 이에 국가안보를 책임지고 그 존립을 위한 평화조건을 지속할 수 있게 되었는데 이는 아르메니아의 경제성장과 문화발전에 광범위하게 이바지하였다. 아르메니아는 발전국면에 들어섰고 훗날 유럽에서는 이를 르네상스라 불렀다.

1045년 바그라티스 아르메니아는 비잔틴 제국의 침략 야욕에 희생양이 되어 제국에 병합되었다. 그렇지만 이후에도 아르메니아의 여러 다른 지역의 왕국들은 한동안 존재를 지속할 수 있었다. 그중에서 마지막 왕국인 로리 왕국Lori Kingdom은 1256년까지 지속되었고 아르트사흐와 같은 공국princedom들은 19세기 초까지 존재할 수 있었다.

그렇지만 국가를 상실했다는 것이 아르메니아인들로 하여금 국가 자체를 포기하게 했다는 것을 의미하지는 않는다.

적대적인 정치적 조건들, 즉 비잔틴의 정복, 아르메니아 일대에 침입한 흉포한 셀주크 투르크 등의 압박으로 대다수 아르메니아인은 고향을 떠나 다른 지역에 정주하게 되었다. 수 많은 아르메니아인들이 공국의 조정과 함께 가까운 시실리아에 정주하였다. 시실리아는 왕 중 왕 티그라네스 대왕 시절 아르메니아 제국의 일부가 되었기 때문에 아르메니아인에게 친근한 나라였다.

1080년 시실리아에 루비냔 공국Rubinyan Principality이 설립되었다. 1198년 공국은 왕국으로 전환하였다. 조국 땅을 잃은 민족이 다른 나라로 이주하여 그곳에서 새로운 국가를 건설하고 수립하였다는 이 사실은 세계사에서도 독특한 사례로 기록되었다.

시실리아 아르메니아는 수많은 가깝고 먼 나라들로부터 독립을 인정받았고 이 지역에서 중요한 역할을 하였다. 특히 십자군 전쟁 때 눈부신 활약을 하였는데, 영국, 프랑스, 독일 등 다른 여러 국가들로 구성된 유럽의 십자군은 물론이고 로마 교황의 군대도 종군 기간 중에 시실리아 아르메니아의 영토를 지나면서 도움과 지지를 얻었던 것이다.

시실리아 아르메니아는 독립과 생존을 위해 싸우면서 비잔티움, 술타나트 이코니움Sultanate of Iconium, 이집트의 맘루크 왕조Mamluks of Egypt 등 이웃 나라들의 침략 야욕에 대항하여 전선을 형성하였다. 또한 13세기 왕국의 경계선 근처에 나타난 몽골의 침략에 대항하여 투쟁하였다.

시실리아 아르메니아는 약 300여 년 동안 국가로서 존재하다가 1375년 이집트 맘루크 왕조의 압박에 굴복하였다.

오스만 제국의 서아르메니아 정복

오스만 제국의 서아르메니아 정복

11세기부터 투르크 유목민족이 근동과 중동, 카프카스, 소아시아Asia Minor와 그 밖의 여러 인접지역에 침입하기 시작하면서 정치적 위상, 인구분포, 지리적 환경이 변화하기 시작했다. 이러한 변화는 전 세계적으로 광범위하고 극적인 결과를 초래했다.

중앙아시아와 알타이의 투르크 유목민들은 이란, 메소포타미아, 소아시아, 카프카스 지역을 차례로 침략하였다. 그들은 번화한 도시와 마을을 파괴하고 예술 작품을 부수고 평화로운 시민들을 포로로 잡아 노예로 만들었다. 유목민들은 그들 복속시킨 아랍인, 비잔틴인, 페르시아인, 아르메니아인, 그루지야인과 그 밖의 다른 민족보다 문화적으로 훨씬 낮은 발전 단계에서 있었다. 유목인들은 가축을 사육하고 있었고, 이를 위해 넓은 대지와 목장을 필요로 하였다. 이것이 바로 유목민들의 끊임없는 이동과 정복의 숨은 동기였다.

투르크족은 전례 없이 수적 성장과 팽창을 하였고 이와 함께 이 지역 일대에 인구 변화가 발생했다. 새로 등장한 투르크어를 사용하는 종족 집단은 아랍인, 아르메니아인, 그리스인, 페르시아인, 그루지야인과 그 밖의 여러 토착민들에게 동화되어 갔고 이를 기반으로 투르크 민족이 형성되었다. 이에 이 지역의 역사적 발전은 새로운 지정학적 조건 속에서 진화하게 되었다.

중동지역에서 첫 번째 투르크 국가는 11세기 초, 셀주크 투르크인에 의해 건설되었다. 이는 이라크, 호라산, 소아시아와 대부분의 카프카스 지역을 포함하는 것이었다. 그 시조는 투르크 오구즈 종족의 수장인 셀주크(그의 이름을 따서 종족 전체를 셀주크라 불렀다)의 손자 토그릴이었다. 셀주크인은 1055년 바그다드를 점령하였고, 1071년 마나즈케르트 전투에서 비잔틴 제국을 물리치고 로마누스 디오게네스 황제를 포로로 잡았다. 정주민이 유목민에게 패했다는 점에서 이 전투는 중대한 의미를 갖는다. 이후 이 지역에서는 비잔틴 제국과 다른 세력들의 몰락이 불가피하게 되었다. 그리고 투르크 유목민족의 지위가 강화되는 것 역시 필연적인 사실이었다.

셀주크 투르크인의 국가건립과 그들의 호전적인 정책은 아르메니아 민족에게 직접적인 영향을 미쳤다. 투르크인들은 아르메니아 영토의 상당부분을 지배하고 있었다. 1064년 술탄 알파르슬란Alparslan은 아르메니아의 수도 아니Ani, 그루지야의 왕국들, 카르스Kars 그리고 여러 다른 지역들을 정복했다. 마나즈케르트 전투에서 비잔티움의 패배 이후 아르메니아를 비롯한 소아시아의 서 비잔틴의 몇몇 주들이 셀주크인의 지배하에 들어갔다. 셀주크 투르크인은 이제 소아시아 서쪽에서 정복을 전개하면서 1086년 두 번째 투르크 국가를 건립했다. 이것이 술타나트 룸 혹은 술타나트 이코니움이다.[5] 이 지역의 지정학적 상황은 투르크 유목민족의 이해에 따라 현저하게 변하였다.

12~13세기에는 그때까지 세계에 알려지지 않았던 몽골족이 정치무대에 등장하였다. 1206년 그들의 시조이자 국가의 창시자인 테무진이 위대한 칸great khan으로 선포되었다. 그는 위대한 칸 혹은 강력한 칸이란 의미에서 징기스칸Genghiz Khan이라 불렸다. 징기스칸과 그의 후계자들의 정복의 결과 몽골 본토, 남 시베리아, 북중국, 러시아의 대부분, 중유럽과 아드리아 해안 너머를 포함하는 거대한 제국이 형성되었다.

이에 카프카스 지역, 특히 아르메니아가 몽골인의 시야에 들어오지 않을 수 없었다. 1236~1245년 몇 번의 군사행동 끝에 몽골인은 아르메니아 전역에 대한 지배권을 획득했다. 예전에 페르시아를 점령했던 훌라구 칸Hulagu Khan은 타브리즈에 수도를 정하고 근

5) '술타나트 이코니움'(Sultanate of Iconium)–아나톨리아에 세워진 술타나트 룸(Sultanate of Rûm; 룸 술탄국)을 말한다. '룸'은 로마 제국을 의미하며, 룸 술탄국의 수도가 코냐(Konya)였기 때문에 종종 술타나트 코냐(Sultanate of Konya) 라고 불린다.(–역주).

본적으로 새로운 독립국가를 창설했다. 이 국가는 페르시아, 이라크, 아트로파테네, 술타나트 룸 그리고 그루지야와 아르메니아를 포함하고 있었다.

14세기 후반 중앙아시아에는 새로운 투르크 침략자들이 다시 무대에 등장했다. 그들은 모든 도시와 마을, 예술의 중심지들을 파괴하였고 자신의 방식으로 사람들의 생활을 지옥으로 만들었다. 티무르 칸Timur Khan의 군사작전은 이곳을 예정하고 있었다. 1370년 중앙아시아에 새로운 호전적인 국가를 건립했던 티무르는 유례없는 잔인함으로 역사에 기록되었다. 이란과 소아시아가 그의 지배하에 들어갔고, 그의 군대는 이란에서 아르메니아까지 진군하여 트빌리시를 비롯한 전 카프카스 지역을 점령하였다.

근동과 중동, 소아시아와 카프카스 지역에는 크고 강력한 투르크 유목민족의 국가와 함께 그다지 크지 않은 공국들이 분리되어 형성되어 있었다. 이렇게 작은 폴리티polity*를 베일릭beylic**이라 하는데, 이는

---

* 국가조직체

** 베이(bey)를 수반으로 하는 투르크의 행정관

오구즈 투르크족의 통치자 오스만(오트만)이 소아시아 북동쪽에 조직한 것이었다. 설립자의 이름을 따서 오스만국Ottoman State이란 명칭으로 불리었던 이 베일릭은 1299년 독립국가로 선포되었다. 이 폴리티는 소아시아뿐 아니라 아시아, 유럽, 아프리카의 운명에 괄목할 만한 역할을 하였다.

오스만국은 아르메니아인의 역사에 있어서도 치명적인 역할을 하였다.

오스만국은 적극적으로 공격적인 정책을 추진했는데, 그것이 놀랄 만큼 성공적이었다는 사실 또한 인정해야 할 것이다. 1453년 술탄 메흐메드 2세Mehmed II가 콘스탄티노플을 점령했고 이로써 거의 천년 동안 지속되었던 비잔틴 제국은 종말을 고했다. 비잔틴 제국의 몰락은 문명 세계를 위협하며 서유럽 전체에 무거운 바람을 몰고 왔다.

이후에도 오스만국은 충분히 많은 기회를 갖고 이백년 이상 정복을 지속하였다.

오스만국은 곧 제국으로 변하였다. 15~17세기 사

이에 불가리아, 세르비아, 헝가리, 그리스, 알바니아, 보스니아, 왈라키아, 몰도바, 모레아, 몬테네그로, 크리미아 등을 잇달아 병합하였던 것이다. 지중해와 흑해, 보스포러스 해협과 다르다넬레스 해협은 제국의 해안을 씻어 내렸다. 투르크인들은 1683년 비엔나의 장벽 아래서 막대한 손실을 입었는데, 여기서 폴란드인이 괄목할 만한 역할을 하였다. 플란드인들은 얀 소베스키의 명령 하에 오스트리아를 도와 오스만 투르크가 유럽의 중앙으로 진출하는 것을 막았다.

오스만 제국은 동쪽에서도 역시 적극적인 공격정책을 추진했다. 1516년부터 아랍국가들을 점령하기 시작했는데 이 국가들은 17세기에 북아프리카에 자신의 나라를 건립했다.

이제 아르메니아 차례였다.

아르메니아 복속정책을 실행하면서 오스만 제국은 페르시아와 충돌하였다. 페르시아에는 1502년에 세프Sef 왕조가 수립되어 있었다. 세프 왕조는 자신을 주축으로 페르시아 본토, 아트로파테네, 메소포타미아, 그루지야와 아르메니아를 연합하였다. 오스만 제국과 페르시아 사이 경계선은 유프라테스 강까지 뻗어 있었다.

오스만의 술탄 야우즈yavuz* 셀림 1세는 찰디란의 격렬한 전투에서 이스마일 샤를 이기고 아르메니아 동부를 점령하였다. 두 나라는 군사작전을 간헐적으로 지속하다가 1555년 아르메니아의 세바스티아 주 아마시아 시市에서 평화조약을 체결되었다.

아르메니아는 아마시아 평화조약에 의해 동부와 서부 둘로 나뉘어졌다. 반 주와 바그레반 주를 포함하는 서 아르메니아는 오스만 제국에 넘어갔고, 나머지 동 아르메니아는 여전히 페르시아의 지배하에 남아 있었다.

그렇지만 양쪽 모두 아마시아 평화조약에 만족하지 않았고, 당연하게도 이 조약은 곧 깨어졌다.

오스만 측에서는 아르메니아 전체를 정복하지 않았다는 것을 인정할 수 없었고, 페르시아 측에서는

---

* 터키어로 '철혈'의 뜻

아르메니아의 일부를 투르크에 양도했다는 것이 불만이었다.

1578년 오스만 제국과 페르시아 사이에 전투가 재개되었다. 전쟁은 거의 십년 동안 지속되었다. 다시 전쟁을 주창한 것은 투르크 측이었고, 이들은 동 아르메니아까지 모두 차지하는데 성공하였다. 1587년 조인된 새 평화조약에 따라 페르시아는 아르메니아를 비롯하여 카프카스와 아트로파테네 전체를 오스만 제국에 양도하였다.

이후에도 계속되었지만 그 결과는 반대로 나타났다. 페르시아가 투르크를 그들의 점령지역에서 격퇴시켰던 것이다. 양편에는 모호한 힘의 균형이 형성되었다. 이러한 사실은 1639년 콰스르-이 쉬린 조약Treaty of Qasr-i Shirin으로 확정되었다. 이것은 기본적으로 아르메니아의 분리를 문서화하였던 1555년 아마시아 평화조약의 재판이었다. 즉, 동 아르메니아는 페르시아의 지배하에, 서 아르메니아는 오스만 제국의 지배하에 있었던 것이다.

동 아르메니아와 서 아르메니아의 발전은 서로 다른 방향으로 진행되었다.

동 아르메니아의 예레반, 나히체반, 아르차흐, 쉬라크, 구가르크와 몇몇 다른 주들은 1804~1813년과 1826~1828년에 페르시아와 러시아 사이에 벌어진 전쟁의 결과 19세기 초 반세기 동안 러시아 제국에 넘겨졌다. 국가의 정치적 생존과 사회·경제적 문화적 진보를 위해 동 아르메니아에 어느 정도 우호적인 새로운 조건이 창출되었다.

그렇지만 서 아르메니아는 여전히 오스만 제국의 영토 내에 남아 있었다. 오스만 제국의 정치, 경제, 국가 구조는 비非투르크 민족의 발전과 진보에 우호적이지 않았고 이들 민족은 언제라도 자신의 정체성을 상실할 위험에 처해 있었다.

오스만 제국 내 아르메니아인의 사회-경제, 국가-정치, 영토-행정 상황

오스만 제국 내 아르메니아인의 사회-경제, 국가-정치, 영토-행정 상황

서 아르메니아는 거의 23만 평방킬로미터에 달하는 이전 아르메니아 영토의 대부분을 점유하였고 250만에 달하는 아르메니아 인구의 대부분이 이 지역에 집중되어 있었다. 만일 19세기 중반 서 아르메니아의 경계를 넘어 오스만 제국의 수도인 이스탄불과 스미르나, 그 밖의 다른 도시와 지방 등 제국의 도처에 거주하고 있는 아르메니아인들을 합한다면 이 숫자는 3백만 정도가 될 것이다.

서 아르메니아를 정복한 오스만 정부는 아르메니아 인구를 축소시킬 목적에서 신속히 인구구조를 바꾸는 일에 착수하였다. 그들은 비非아르메니아 민족들, 즉 투르크족과 특히 쿠르드족이 서 아르메니아 지역에 진출하여 그곳에 정주하도록 장려하고 지원하였다.

투르크족과 대부분의 쿠르드족은 오스만 정권의 지원을 받아 아르메니아의 주와 도시에 거주하게 되었다. 이들의 수장과 영주에게는 제일 좋은 경작지와 목초지가 할당되었고, 아르메니아인은 투르크의 고위층과 쿠르드의 수장들, 즉 아쉬레츠ashirets, 아가aghas, 베그즈begs의 족장인 셰이크에게 법적 경제적으로 모두 의존하고 있었다.

이와 같은 정책을 유지하면서 오스만 정권은 그 이후 특히 주로 19세기에 시르카시아인을 아르메니아의 주에 이주시키기 시작했다. 이들은 온갖 특권을 보장받고 완전한 이익을 취할 수 있었다. 예전에 아르메니아인이 소유하고 경작했던 땅의 수확물이 아르메니아인의 것이었다면, '소유권'right of ownership에 따라 이제는 이들의 것이 되었다.

그리고 마지막으로, 20세기 초, 더 정확하게 하자

면 1912~1913년 제1차 발칸전쟁에서 오스만국의 패배로 수많은 투르크 난민이 발칸에서 소아시아로 이주하였을 때, 그들 대부분을 아르메니아 영토에 정착시켰다.

투르크인, 쿠르드인, 시르카시아인을 아르메니아의 주에 정주시키고 원주민인 아르메니아인의 땅을 강제로 빼앗는 것은 문제의 일면에 불과했다. 그보다 더 중요한 것은, 오스만 제국의 통치자가 이주자들을 자극하여 원주민에 대적하게 하면서, 자신은 이주자 편을 들어 그들 사이의 균열을 조장했다는 것이었다. 더 나아가 오스만 정권은 종종 쿠르드인과 시르카시아인의 손을 빌어 아르메니아인 학살을 자행했다. 아르메니아인들에게는 바로 자기 집에서 지옥 같은 상황이 연출되었던 것이다.

이를 요약하여 우리는 오스만 정권이 아르메니아 땅에 비아르메니아계 민족과 무슬림적 요소를 이식시킴으로써 다음 두 가지 목적을 달성했다고 말할 수 있다.

첫째, 모국인 서 아르메니아에 살고 있는 아르메니아인의 숫자를 인위적으로 축소시키고, 그럼으로써 아르메니아의 빌라예트vilayet* 의 그 어디에서도 아르메니아인이 절대 다수가 되지 못하게 하였다. 그렇지만 아르메니아인들은 제1차 세계대전 전까지 서 아르메니아에서 압도적인 다수를 차지하고 있었다.

둘째, 오스만 정부는 '분리와 통치'Divide and dominate 정책을 적용함으로써 비아르메니아계 민족들로 하여금 아르메니아인에 대적하도록 하면서 그들의 무장대결을 인위적으로 조장하였다. 이로써 악의 처음이자 마지막인 오스만 정부에 대한 모든 주요 투쟁으로부터 시민들의 관심을 돌렸던 것이다.

서 아르메니아의 행정-영토를 분리하면서 오스만 정부가 추구한 정책도 이와 유사한 목적을 지닌다.

오스만 정권은 서 아르메니아의 주들에 대하여 지속적인 재구상과 재건축을 실행하였다. 이는 그들이 비투르크 민족에 대해 가장 적합한 형태의 정책을

---

* 주(州)에 해당하는 옛 투르크 제국의 행정 단위

찾을 때까지 지속되었다. 이에 아르메니아의 주들을 붕괴시키고 여기에 투르크의 일부 주들을 부가하는 방향으로 그들을 병합하였다. 이런 식으로 전통적인 아르메니아 지역은 '수축'되었고, 그곳에 거주하는 아르메니아인의 비율 역시 투르크인과 쿠르드인, 그 밖의 다른 무슬림 공동체와 비교하여 축소되었다.

1639년 콰스르-이 쉬린 조약 이후 서 아르메니아는 일곱 개의 파샬릭pashaliks* 으로 나누어졌다. 그것은 에르주룸, 세바스테아, 반, 디아르베키르, 바야제트, 찰디란, 그리고 카르스이다. 이후 분리가 더욱 많이 행해졌다. 19세기 중반 빌라예트 혹은 주들이 파샬릭을 대체하게 되었다. 이때부터 서 아르메니아는 에르주룸 주, 하르베르드 주, 스바즈(세바스테아) 주, 트라브존 주, 그리고 디야르베키르 주로 구성되었다. 앞서 언급한 일곱 개의 파샬릭 대신 다섯 빌라예트가 형성되었던 것이다. 아르메니아 고유의 파샬릭인 반, 바야제트, 찰디란, 카르스는 소멸되었다.

* 파샤(pasha)의 관할 구

술탄 압둘 하미드 2세는 반反아르메니아 정책을 추구하면서 아르메니아 주들을 나누었다. 그는 이 지역 무슬림 인구의 증가를 위해 1879~1880년 비틀리스 주를 만들었다. 이는 반주와 디아르베키르 주로부터 일부를 잘라내려는 목적에서였다. 그는 1880년 아르메니아의 행정단위로는 가장 큰 에르주룸 빌라에트를 분리하여 에르주룸, 반, 무쉬, 하카리 등 네 주로 나누었다. 그리고 곧이어 아르메니아인 수가 월등히 많았던 무쉬 주를 없앴다. 데르시스미라는 새 빌라예트가 만들어졌는데, 여기에는 쿠르드인과 투르크인이 우세하였다.

마지막으로 1897년 서 아르메니아 영토는 새로 분리되어 에르주룸, 하르베르드, 스바즈 혹은 세바스테아, 반, 비틀리스, 디야르베키르, 트라브존 빌라예트로 나누어졌다.

제노사이드 - 아르메니아인 대학살 - 전까지 서 아르메니아에서 더 이상의 급진적 변화는 진행되지 않았다.

이 단계에서 아르메니아 문제는 앞서 언급한 것들

외에 또 다른 중요한 양상이 나타나는데, 우리는 그 속성과 본질의 포괄적인 윤곽을 밝혀야 한다. 그 문제는 서 아르메니아의 법적 정치적 위상이다.

아르메니아인은 아시리아인, 불가리아인, 그리스인, 세르비아인, 루마니아인 등 제국의 모든 다른 기독교인들과 함께 모든 권리를 박탈당한 채 절망적인 상황에 처해 있었다. 그들은 열등한 민족 혹은 라야 rayya, raya, rayah* 로 불리면서 투르크인 다음으로 간주되었다. 비투르크 무슬림들도 똑같이 절망적인 상태였는데, 특히 아랍인이 그러하였다.

1908년까지 오스만 제국에는 헌법이 없었다. 파디샤 padishah** 인 술탄의 명령으로 나라가 다스려졌고, 각각의 주는 발리 valis 와 파샤가 통치하고 있었는데 이들은 전제정치로 악명이 높았다. 이슬람법인 샤리아 Shariah 와 관습법인 아다트 adat 가 적용되었지만, 이는 아르메니아인과 다른 기독교인들의 이해를 지켜주지 못하였다.

---

* 오스만 투르크 제국의 비(非)회교도

** 투르크의 황제

기독교인인 아르메니아인은 무기 소지의 권리를 박탈당했고, 따라서 투르크인, 쿠르드인, 시르카시아인의 침입과 공격에 대하여 완전히 무방비 상태에 있었다. 아르메니아인에게는 법정에서 증거 제출이 허용되지 않았고 말을 탈 권리가 없었다. 투르크인과 다른 무슬림들만이 말을 탈 권리가 있었다. 아다트에 따르면 아르메니아인은 그들을 만나면 길을 비켜줘야 했다. 그 밖에도 아르메니아인에게 모욕적인 수많은 제한과 금지가 있었다.

아르메니아인은 개인적인 면책도 누리지 못하였다. 실행중인 법률, 규범, 관습은 그들에게 어떤 보장도 해주지 않았다. 무방비 상태의 감각이 계속 아르메니아인을 추적했고 그들의 가족과 삶을 악몽으로 만들었다.

또한 종교적인 문제가 존재하고 있었다. 오스만제국에서 기독교도인 아르메니아인의 종교적 감정을 모욕하는 것은 드문 일이 아니었다. 종교적 압박과 강제 국적전환정책은 가혹하고 절망적이기까지

한 사회·경제적 조건과 맞물려서 아르메니아인들로 하여금 종종 자신의 신앙을 포기하고 이슬람을 받아들이게 하였다. 비록 이러한 사실이 다른 나라의 기독교인들 - 예를 들어 그루지야인 - 과 비교하여 아르메니아인에게 보편적인 것은 아니었지만, 그래도 위험이 임박해 있었다.

오스만 제국 내의 모든 다른 기독교 집단들도 이와 똑같은 상황에 처해 있었다.

그래서 역사 편찬자는 종종 오스만 제국을 제[諸]민족의 감옥이라고 평가했다.

감옥에 갇힌 민족들은 그들의 조건을 개선하기 위한 시도를 하였다. 19세기 초반 아르메니아인을 비롯한 비투르크인들의 민족적 자의식이 고조됨에 따라 이러한 시도가 활발해졌다. 무정부 상태의 법과 전제정치에 대한 그들의 저항은 종종 무장투쟁으로 전환되었다.

1820년대 그리스인들이 봉기했다. 그리고 마침내 1830년 오스만의 멍에를 떨치고 독립했다.

1831~1841년 이집트의 위기가 그 뒤를 이었다. 이집트의 통치자 무하마드 알리Muhammad Ali는 투르크의 술탄 무하마드 2세에게 무장투쟁을 선포했다. 무하마드 알리의 군대는 투르크 군에 대항하여 빛나는 전과를 올렸다. 그리고 거의 마지막 승리에 근접했는데, 이때 러시아와 유럽의 간섭이 패배에 임박한 이스탄불을 구했다.

1862년 제이툰Zeytun에서 아르메니아인들이 봉기를 일으켰다. 그들은 투르크 정규군의 분리 공격에 용감하게 대항했고, 적들로 하여금 그들의 권리와 민족적 자존심을 존중하게 만들었다.

반투르크 성명과 격렬한 접전이 제국의 거의 모든 주에서 발생했다.

이 모든 것은 유형학적 범주에서 봉건적 군국주의 정치체제로 분류되는 오스만 제국이 중대한 위기에 봉착했다는 것을 예증한다. 그 위기는 행정적 · 정치적 · 법률적 · 사회적 · 경제적 · 국제 민족적 · 종교적 · 정신적 · 문화적 양상을 포괄하는 것이다.

오스만 통치자들은 제국의 존재와 통합에 심각한 위협이 임박했음을 감지하고 기존의 후진성을 탈피하기 위한 방안으로 부분적인 개혁정책을 실행했다. 1839년 굴하네 궁전Palace of Gulhane에서 공표된 술탄의 칙령Edict 혹은 하티 세리프Hatti Sherif에 의해 소위 탄지마트Tanzimat[7]가 오스만 제국 내에서 시작되었다. 이 칙령으로 평등권이 공표되었고, 재산의 불가침성과 개인적 면책, 세금과 금융, 법률 소송의 규제와 제국의 모든 신민들에 대한 종교적 차별 금지 등이 약속되었다.

그렇지만 이렇게 제한된 개혁조차 봉건영주, 지방 권력자, 군사적 종교적 파벌과 그 밖의 오스만 제국의 다른 보수적 분야의 저항에 부딪쳐 좌초되었다. 개혁은 한 번도 실행되지 않았다. 1856년 탄지마트의 두 번째 단계에서 공표된 조항 역시 똑같은 운명을 겪으며 문서로만 남게 되었다.

그 결과 아르메니아인과 오스만 제국의 여러 민족

---

7) '탄지마트'(Tanzimat)-오스만 투르크 제국의 술탄 압둘메지트(Abdulmecid) 2세에 의해 1839~1876년 사이에 시행된 개혁정책. 술탄은 근대화를 추구하며, 행정, 토지, 징병, 교육, 사법 등 국가 제도의 개혁을 추진하였으나 전반적으로 성공하지 못하였다. (-역주)

들, 특히 기독교인들의 법률적·정치적 위상과 사회적·경제적 조건에는 아무런 변화도 일어나지 않았다. 개혁의 실패는 아르메니아인은 물론 기독교와 이슬람을 포함한 제국내 모든 민족들의 기대에 무거운 바람을 몰고 왔다.

아르메니아 문제와 그 발전 단계

아르메니아 문제와 그 발전 단계

오스만 제국은 다민족 국가였다. 오스만 제국 내에는 투르크인 외에도 아랍인, 아시리아인, 알바니아인, 불가리아인, 보스니아인, 아르메니아인, 유대인, 그리스인, 루마니아인, 쿠르드인, 시르카시아인과 그 밖의 여러 민족들이 살고 있었다. 이 중에서 그 수가 가장 많은 민족은 아랍인이었고 투르크인은 소수였다. 그럼에도 불구하고 투르크인은 정치적 · 군사적 · 정신적 모든 권력을 갖고 있었고 자신의 이해를 위해서만 이를 활용하였다. 이런 상황에서 투르크인은 폭력으로만 권력을 유지하고 있었다. 대학살정책은 19세기에 그 범위가 강화되어 국가정책의 수준에서 실행되었다. 이러한 정책이 민족 문제를 해결하는 주요 무기로 나타난다는 것 자체가 바로 오스만 제국 내부의 정치적, 국가적 삶의 가장 명확한 모습인 것이다. 그러므로 19세기와 20세기 초 오스만 제국의 역사는 아랍인, 아시리아인, 아르메니아인, 그리스인, 불가리아인 등 제국 내 거주하는 비 투르크 민족에 대한 끝없는 학살과 고문, 그 존엄의 훼손에 대한 역사로 간주될 수 있다.

이 시기에 거의 서른 건에 달하는 대량학살이 비 투르크 민족에게 행해졌다. 그중에서 1821년 제국의 수도 이스탄불에서 벌어진 그리스인 대학살은 잔혹한 유혈참사로 두드러진다. 1845년과 1858~1861년 투르크인의 사주를 받아 시리아와 레바논에서 아랍인들 간에 충돌이 일어났다. 이때 300여 마을이 무너졌고 수백 개의 교회와 모스크가 파괴되었으며 수천의 인명이 살상되었다. 그 밖에도 1860~1870년 아르메니아 제이툰에서 일어난 살상행위, 1875~1876년 불가리아인과 그 밖의 다른 발칸 민족들의 대학살,

1894~1896년 이스탄불, 사순, 비틀리스, 무쉬와 그 밖의 다른 주에서 아르메니아인 학살이 행해졌다. 그중에서도 1891년 크레타 섬에서 그리스인 대학살과 마케도니아에서 마케도니아인 학살, 그리고 1886년 제벨 드루즈 주와 1896년 시리아의 알레포에서 아랍인 해방운동에 대한 살인적인 억압은 반드시 언급을 해야 한다. 대학살의 행진은 20세기에도 이어졌다. 그 첫 번째 희생자는 아랍인과 아르메니아인이었다. 1903년 베이루트에서 행해진 아랍인들의 반투르크 성명에 대한 진압, 1903~1904년 사순과 무쉬에서 아르메니아인 학살 등 수많은 사건이 일어났다. 아르메니아인 제노사이드에 앞선 마지막 대학살은 1909년 아다나Adana에서 행해진 살육으로서 거의 3만여 명의 아르메니아인이 희생된 것으로 추정된다.

오스만 제국에서 투르크인에 의해 자행되는 폭력, 고문, 대량살상에 대한 반대급부로 '아랍 문제', '그리스 문제', '아시리아 문제', '루마니아 문제'와 함께 '아르메니아 문제'Armenian Question가 대두되었다.

이로써 오스만 정권은 이 모든 잔인한 폭력에도 불구하고 민족 문제를 해결하지 못했다는 것이 확인되었다. 각각의 민족들은 공통적인 것을 공유하면서도 자신만의 특수성 또한 보유하고 있었던 것이다.

아르메니아 문제는 세 단계로 진행되었다.

첫 번째 단계는 17세기, 즉 1639년 콰스르-이 쉬린 조약과 1878년 베를린 의회 사이의 기간이 포함된다. 이 단계에서 아르메니아 문제는 오스만 제국 내의 문제였다.

이 단계에서 아르메니아 문제의 핵심은 다음과 같다.

첫째, 서 아르메니아 땅을 아르메니아인의 지배하에 두는 것, 오스만 통치자들의 사주와 후원을 받은 투르크인, 쿠르드인, 시르카시아인이 점령하도록 허용하지 않는 것이다. 이 점에서 아르메니아인들은 영토의 손실은 필연적으로 아르메니아 민족의 소멸로 이어진다는 생각을 갖고 있었다. 왜냐하면 영토는 인종적 독립체로서 한 민족이 생존하는데 유일하게 신뢰할 수 있는 근거이기 때문이다.

둘째, 서 아르메니아에서 아르메니아인의 인종적·민족적 특성을 간직하는 것이다. 기존의 역사적 상황에서 이것은 자신의 모국 땅에 투르크인, 쿠르드인, 시르카시아인을 강제로 이주시키고 그곳의 인구 구조를 급속히 바꾸려는 오스만 통치자들의 정책을 아르메니아인들이 결정적으로 거부하는 것을 의미한다.

이 두 가지 주요 이슈는 아르메니아 민족의 안보와 생존, 민족의 독창성 보존이라는 극히 복잡한 문제와 직접 연관되어 있다.

셋째, 인종적, 종교적으로 아르메니아인을 동화시키기 위해 모든 수준에서 행해지는 오스만 정부의 가시적이고 비가시적인 모든 시도에 항거한다.

넷째, 아르메니아인에게 최소한의 기본권을 보장한다. 개인과 재산의 보호, 인간적 민족적 존엄성, 가족과 민족의 전통과 관습에 대한 존중 등이 그것이다.

앞에서 보았듯이, 이 단계에서 '아르메니아 문제'는 독립은 말할 것도 없이 행정과 영토의 자치권과 자치정부에 대한 그 어떤 요구도 포함하고 있지 않았다.

아르메니아인들의 주장은 온건했다. 그들은 신중하게 처신함으로써 그 문제를 기존의 오스만 제국의 테두리에서 조용히 해결하려 했다. 왜냐하면 그 어떤 부주의한 움직임, 그 어떤 사소한 폭동이라도 그들에게 예기치 못한 불행한 결과를 초래할 수 있다는 것을 잘 알고 있기 때문이었다. 그 결과 아르메니아인들은 모든 인류에 공통적인 기본적인 규범에 의거하고 그 속에서 그들의 안전보장과 그 민족적 독창성을 보존하는 길을 택했다.

아르메니아 문제의 두 번째 단계는 1878년 베를린 의회와 제1차 세계대전 사이의 기간이 포함된다. 이 단계에서 아르메니아 문제는 국내문제를 넘어 국제적 외교문제로 전환되어 포괄적인 오리엔탈 이슈의 일부가 되었다. 이에 앞서 주목할 만한 수많은 사건이 선행되었는데, 그중에서 다음 두 사건은 숙고할 가치가 있다.

1876년 오스만 제국의 권좌에 오른 압둘 하미드 2세는 1909년까지 약 30여 년 동안 철권통치를 자행했다. 그는 자신의 지지자나 반대자 할 것 없이 모든 사람의 가슴 속에 공포와 두려움을 심어놓았는데, 심지어 투르크인에게까지 그러했다. 그의 통치기간은 오스만 제국에 있어 줄룸zulum* 의 역사, 즉 독재정치와 공포의 시절로 알려져 있다. 그는 개별적 살인과 대량살상 이야말로 오스만의 정치 '문화'로서 제국이 당면한 문제를 해결하는 가장 훌륭한 방법이라고 간주했다.

비투르크 민족의 대량살상은 압둘 하미드가 제국에 도입한 새로운 정치 '문화'의 요소였다. 아르메니아인이 이 정책의 첫 번째 희생자가 되었다. 하미드 2세에 의해 자행된 아르메니아인 대학살은 술탄의 변덕에 의한 것도 우연한 것도 아니었다. 그것은 근본적인 개념에 입각한 것이었다. 압둘 하미드 2세는

* '박해'를 뜻하는 이슬람 용어

'아르메니아 문제에 대한 가장 좋은 해결책은 그들을 물리적으로 몰살시키는 것'이라는 공식을 도입하고 이를 확고하게 수행했던 것이다.

그 다음에 일어난 중요한 사건은 1877~1878년 러시아-투르크 전쟁과 여기에서 투르크의 패배였다. 러시아 군대는 발칸과 카프카스 전선에서 모두 승리를 쟁취했다. 러시아 군대는 발칸에서 불가리아를 점령하고 이스탄불 부근에 진출하는 한편, 카프카스 전투까지 함께 진행하고 있었다. 그들은 아르다한, 바야제트, 알라쉬케르트, 카르스와 에르주룸과 함께 바투미를 비롯한 서 아르메니아의 상당 부분을 획득했다.

투르크인들은 전쟁을 종식시키고 평화를 모색해야 했다. 1878년 3월 3일 이스탄불 근처에 있는 산스테파노라는 작은 마을에서 오스만 제국과 러시아 사이에 평화조약이 조인되었다. 이로써 러시아 군대의 승리가 확인되었다.

산스테파노 조약에는 서 아르메니아 개혁에 대한

16번 특별 조항이 부가되었다. 이 조항은 다음과 같다.

"러시아 군대가 자신이 점유했던 아르메니아 영토에서 철수하고 터키로 돌아간다고 할 때, 이는 충돌과 분규의 원인이 되어 두 나라의 우호관계에 해를 가져올 수 있다. 쉬블림 포르테Sublime Porte*는 아르메니아인들이 살고 있는 주에서 개혁과 개선, 지역의 요구를 즉각 실행하고, 이와 함께 쿠르드인과 시르카시아인으로부터 아르메니아인의 안전을 보장한다."

양자는 아시안 터키, 즉 서 아르메니아에서 러시아 군대가 6개월 동안 주둔하고 그 기간에 개혁을 실행하는 것에 합의했다.

산스테파노 조약으로 오스만 정부와 술탄은 아르메니아인들이 형언하기 어려운 힘든 환경에서 살고 있으며 무방비의 불안한 상태에 있다는 것을 사실상 인정한 것이다. 그리고 쿠르드인, 시르카시아인이

* '높은 문'을 뜻하는 프랑스어로 오스만 제국 정부를 의미

아르메니아인에게 부정적인 요소라는 것 또한 인정하였다.

산스테파노 조약은 러시아 외교의 승리였다. 이 조약은 유럽의 열강들에게 심각한 우려를 가져 왔는데, 이들은 오스만 제국이 러시아에 전적으로 의존하게 될 경우 동유럽의 전략적 균형이 러시아 제국으로 기울게 될 것을 두려워하였다. 이것은 그들의 이해에 대립되었고, 그들은 결코 그렇게 되도록 내버려두지 않을 것이었다.

영국, 오스트리아-헝가리는 독일과 독일 장관 비스마르크의 지지 하에 이 문제에 대하여 특히 적극적이었다. 이 나라들은 산스테파노 조약의 개정을 위해 위원회를 소집하는데 성공했다.

위원회는 1878년 6월 13일 베를린에서 회동하였다. 의장은 비스마르크였다. 영국, 오스트리아-헝가리는 독일, 프랑스, 이태리의 지지를 받아 산스테파노 결정을 개정하는 것에 성공했고, 이로써 오스만 제국 내에서 이들의 위치와 영향력은 강화되었다.

이와 반대로 러시아의 지위는 약해졌다.

위원회의 결정에 따라 러시아는 계곡이 있는 알라쉬케르트와 바야제트를 터키에게 돌려주었다(에르주룸은 이전에 돌려주었다). 아르다한, 카르스와 바투미는 러시아에 남았다.

베를린 조약은 61번 특별 조항을 포함하고 있었다. 그것은 온전히 아르메니아 문제에 할애된 것이었다. 그러나 이 조항은 산스테파노 조약의 16번 조항과는 본질적으로 다른 것으로 아르메니아인에게 결코 도움이 되지 않았다. 그것은 다음과 같다.

"터키 정부는 아르메니아인들이 살고 있는 주에서 개혁과 개선, 지역의 요구를 즉각 실행하고, 이와 함께 쿠르드인과 시르카시아인으로부터 아르메니아인의 안전을 보장한다. 이러한 목적을 위한 수단을 실행함에 있어 쉬블림 포르테는 그 감독을 위임 받은 열강들에게 규칙적으로 보고한다."

만일 산스테파노 조약에서 서 아르메니아의 개혁이 러시아 군대의 존재 하에 실행되고 상술한 사항의 이행에 대하여 러시아 군대가 어떤 보장을 해야 했다면, 베를린 조약에서 러시아 군대는 '피에 굶주린 술탄'의 판단에 모든 것을 내맡기고 철수를 해야 했다. 유럽 열강은 술탄에게 이행 사항을 주기적으로 보고할 책임만을 요구했다.

역설적인 것은, 열강은 술탄에게 '쿠르드인과 시르카시아인으로부터 아르메니아인의 안전보장'을 위임하였지만, 술탄이야말로 쿠르드인과 시르카시아인의 모든 반아르메니아 행동의 주동자였다는 것이다. 1891년 베를린 위원회 직후 압둘 하미드 2세의 명령으로 쿠르드인만으로 구성된 기병대가 오스만 제국의 금전적 지원으로 창설되어 유지되었다는 사실이 이를 완벽하게 증명한다. 술탄의 이름을 따서 '하미디에'Hamidie라 명명되는 이 군대는 오스만 군대의 체계 속에 통합되지 않고 분리된 군사단위로 유지되었다. 30연대로 구성된 기병대는 아르메니아의 에르진칸에 위치하고 있었다. '하미디에'의 일차적인 목적은 제국의 방방곡곡에 있는 모든 아르메니아인을 조직적으로 살육하는 것이었다. 이들은 1894~1896년 아르메니아인 대학살 기간 동안 '눈부시게' 활약했다.

베를린 위원회의 영향으로 압둘 하미드 2세의 특명에 의해 '에르메니스탄'(아르메니아)이란 지명의 사용이 금지되었다는 것 또한 눈에 띄는 사항이다.

즉, 산스테파노에서 의결된 서 아르메니아의 개혁은 베를린 조약에 의해 파기되었고, 이를 대신하는 그 어떤 현실적인 제안도 제기되지 않았던 것이다.

베를린 위원회 이후 술탄과 통치계급은 아르메니아 문제의 가장 좋은 해결책은 아르메니아인의 절멸이라는 신념을 더욱 강화하였다. 그들에게는 이 방법이야말로 제국 내의 문제에 대한 유럽 열강의 간섭으로부터 해방될 수 있는 현실적인 방법이었다. 유럽 열강들은 아르메니아 문제, 즉 아르메니아에서의 개혁수행의 이슈를 터키의 내정간섭을 위한 발판으로 이용하였던 것이다. 그러므로 이러한 해결책은 그 발판을 제거하게 하는 것, 즉 열강이 자신의 이해관계에 따라 제국을 협박하는 기회를 박탈하는 것이다.

19세기 말 오스만 제국에 의해 자행된 아르메니아인 대량학살의 정점은 1894~1896년에 행해진 대학살로 나타났다.

첫 번째 강풍이 사순에 휘몰아쳤다. 사순은 비틀리스 빌라예트에 있는 주로서 터키 독재에 대한 굳은 의지와 항거로 오랜 동안 알려져 있던 곳이었다. 1894년 8월 터키의 제4군이 사순을 향해 행군했다. 불균등한 전력이었고 결국 터키 군대가 승리를 거두었다. 사순은 파괴되었다. 40여 마을이 무너졌고 1만여 명이 살해당했다.

유럽 국가들은 피에 굶주린 술탄의 잔인한 행동에 극히 분노하였다. 영국, 프랑스, 러시아가 개입하여 진상조사를 위한 특별위원회가 창설되었다. 1895년 5월 이스탄불에서 앞서 언급한 3국 대사가 아르메니아 빌라예트의 개혁에 관한 제안서를 술탄에게 제출했다. 술탄은 개혁을 수행할 것을 공식적으로 약속했지만, 현실적으로는 한 걸음도 착수하지 않은 상태였다. 더 나아가 그는 학살을 재개하고 확대할 기회만을 노리고 있었다.

1895년 9월 수도에서 아르메니아인 학살이 시작되었다. 이는 트라브존, 에르진칸, 세바스테아, 에르주룸, 디야르베키르, 바야제트, 하르베르드와 그 밖의 여러 곳에서 행해졌다.

술탄은 제이툰에서도 살육을 시도했지만 실패하고 말았다. 그 이유는 지역사회가 터키 군대에 대항하여 시의 적절한 행동을 취하였기 때문이다. 살육은 1896년 새로운 시점에서 재개되었다. 콘스탄티노플, 우르파, 샤핀-카라히사르, 아마시아, 무쉬, 마르즈반과 그 밖의 제국의 다른 지방, 도시, 마을에서 대량학살이 자행되었다.

1894~1896년 대학살에서 3십만 명의 아르메니아인이 희생된 것으로 추정된다.

아르메니아인의 손실은 이것에만 국한되지 않았

다. 형언할 수 없는 절망적인 상황 속에서 십만 명에 달하는 아르메니아인이 무슬림으로 강제 전향했고, 비슷한 숫자가 강제로 고향을 떠나게 되었다. 이것은 총체적인 학살이며 본질적으로는 제노사이드였다.

오스만 제국은 제국 내 거주하는 다른 민족의 대량학살을 조직하는 후진적 독재국가로서 20세기에 진입하였다. 정치·경제·사회 체제의 위기가 더욱 심화되었다. 이런 상황에서 대학살은 상황을 더욱 악화시키며 오스만 제국의 악을 노출시켰다.

제국의 모든 민족들, 심지어 투르크 민족의 눈에도 술탄 압둘 하미드 2세는 폭력과 고문 등 불행을 상징하는 흉악한 인물로 비추어졌다.

피에 굶주린 술탄을 제거하려는 생각이 점점 증대하고 무르익어 갔다. '청년 투르크'[8]는 이를 실행한 사람들이었다. 1908년 7월 23일 연합과 진보 위원회

---

8) '청년 투르크'(Young Turks) – 1889년에 압둘 하미드 2세가 러시아-투르크 전쟁(1877~1878)을 이유로 헌법을 정지시키고 전제정치를 부활시킨 것에 대항하여 만들어진 단체로서 처음에는 장교와 지식인 중심의 비밀결사로 출발하였다. 20세기에 들어와 청년 장교층이 혁명의 중심이 되면서 세력이 커졌고, 1908년 황제 압둘 하미드 2세를 퇴위시켰다. 이후 이들은 터키의 근대화를 시도하였는데, 이들의 극단적인 투르크 민족주의는 아랍인과 다른 이민족의 반발을 야기했다. 오스만 제국은 제1차 세계대전 당시 독일 제국 편에 가담하여 패전국이 되었고, 이에 1922년 11월 제국이 해체될 때 청년 투르크도 같이 해체되었다. (–역주)

Committee of Union and Progress는 쿠데타를 단행했다. 압둘하미드 2세는 권력을 박탈당하고 1909년에 권좌에서 물러났다.

청년 투르크는 '자유·평등·박애'라는 프랑스 혁명의 슬로건을 내세우며 등장했다. 제국의 모든 민족들은 무슬림 기독교인 할 것 없이 모두 '붉은 술탄'의 폐위를 환영했다. 사람들은 오스만 제국의 역사에 새로운 시대의 도래를 확신했다. 아르메니아인 역시 그렇게 생각했다. 무사 프린스의 증언에 따르면, 기쁨에 겨워 "아르메니아인, 투르크인, 그리스인이 거리에서 서로 껴안았다."

그렇지만 청년 투르크가 잘 포장된 열혈민족주의자이며 폐위된 술탄의 억압과 학살정책을 계승했다는 것이 밝혀지기까지 오래 걸리지 않았다. 그들은 '순수' 투르크 민족의 창조를 위해 제국 내 모든 민족의 동화 이데올로기를 주창했고, 이러한 목적을 위해 대량살육을 주저하지 않았다.

모양이 바뀌고 새로운 통치자가 등장했지만 정책

은 지속되었던 것이다.

두 번째 단계에서 아르메니아 문제는 1878~1914년 여러 열강들과 정치세력들에 의해 전면에 대두되고 확산되었는데, 이때 문제의 해결에 대한 여러 선택의 가능성에 대하여 생각할 수 있다.

아르메니아 문제의 가장 널리 알려진 모델은 '개혁'이다. 그것은 산스테파노 조약과 베를린 위원회에서 '공식적으로' 탄생한 것으로, 이후 여러 경로로 반복되면서 다양한 수정을 거치게 되었다. 개혁은 아르메니아에 속하는 것으로 간주되는 여섯 빌라예트, 즉 에르주룸, 하르베르드, 스바즈(세바스테아), 비틀리스, 반, 디야르베키르(티그라나케르트)에서 계획되었는데, 여기에 일곱 번째 트라브존이 더해지기도 한다.

이러한 모델을 전면에 내세우는 것만으로도 술탄은 오스만 제국에서 아르메니아인이 진정으로 어려운 상황에 처해 있으며, 아르메니아 문제가 존재하고 그 해결이 필요하다는 것을 자인한 것이다.

이러한 모델은 아르메니아 문제에 포함되어 세 부분에 모두 받아들여졌다. 그것은 서 아르메니아와 오스만 제국, 그리고 유럽 열강인데, 여기에는 영국, 오스트리아-헝가리, 독일, 러시아, 프랑스가 포함된다.

이 모델은 사실 서 아르메니아의 주요 지역을 모두 포함하고 있었다.

그렇지만 이 개혁의 모델은 실행 메커니즘이란 측면에서 근본적인 결함을 지니고 있었다. 그것은 국제 문서나 명령에 의해 위임 받은 해결책의 실행을 필연적이고 불가피한 것으로 만드는 현실적인 영향력을 한 번도 발휘하지 못했다. 유럽 열강들은 결의안을 통과시키고 성명서를 만드는 것만으로 만족하였고, 자신들이 공식화한 결의안의 실현을 촉진하는 실질적이고 효과적인 방법을 강구하지 않았다.

터키에 대해 말하자면, 그 통치자는 항상 위선적인 정책을 고수하였다. 그들은 공식적으로는 아르메니아 지역에서 개혁의 필요성을 인정하고 해당 국제 문서에 사인하였지만, 다른 한편으로는 끊임없이 아르메니아인 학살을 자행했던 것이다.

그 결과 개혁의 모델이 아닌 아르메니아인 대량살육의 모델이 실행되었던 것이다.

아르메니아 문제의 또 다른 해결책은 오스만 제국의 지방분권 모델이다. 이것은 청년 투르크의 쿠데타 이후 특히 인기 있는 것이었다. 이 모델은 제국의 거의 모든 민족에게 열렬한 지지를 받았는데, 심지어 투르크의 민족적·정치적 인물들도 이를 지지했다.

술탄 압둘 하미드 2세의 조카인 사바헤딘 왕자는 이러한 원칙을 고수한 사람 중 한 명 이었다. 그는 오스만 제국의 후진성을 극복하고 보다 진보적이고 발전된 국가를 만들기를 희망했다. 그리고 이를 위해 모든 비투르크 민족이 동등한 권리를 향유하고 자치를 보장받는 국가동맹이 창조되어야 한다고 생각했다.

지방분권의 원칙은 아랍국가들 사이에서 열광적인 지지를 획득했다. 오스만 제국 내의 아르메니아인 역시 분산을 환영했다.

오스만의 통치자인 청년 투르크는 완전히 중앙집권화된 국가구조로 복귀하여 비투르크 민족의 강제적인 투르크화와 대량학살정책을 실행했다. 이들은 지방분권화가 제국의 존재를 완전히 파괴할 것이라고 생각하고 이에 대하여 적극적으로 반대했다.

마지막으로, 아르메니아 문제의 해결에 대한 또 하나의 선택의 가능성이 있었다. 이것은 반복적으로 되살아나고 논의되는 것으로 소위 '레바논 산악 모델'model of Mountainous (Mt.) Lebanon이라 불리는 것이다. 이 모델의 요점은 다음과 같다.

레바논 산악에서 독창적인 통치방법은 1861년에 만들어졌다. 술탄은 앞서 언급한 유럽 열강의 압력하에 레바논 산악의 조직적 위상Organic Statue을 승인하고, 그 지역에 행정적 자율권과 무타사리피야 mutasarrifiyah* 의 위상을 부여했다. 그 행정관인 무타사리프는 술탄이 임명했는데, 그는 반드시 기독교인이어야 했고 임명될 때 반드시 유럽 열강의 승인을 받

* 행정 단위. 빌라예트의 일부이다

아야 했다. 유럽 열강 역시 레바논 산악의 자율권의 보증인으로 활동했다.[9)]

아르메니아 출신의 카라페트 아르틴 다우디안이 레바논 산악의 첫 번째 무타사리프로 임명되었다.

1877~1878년 러시아-투르크 전쟁 이후 이와 동일한 원칙이 약간 수정된 채 불가리아에 적용되었다.

서 아르메니아는 똑같은 원칙에 기반한 행정적 자치권이 주어지는 것에 개의치 않았다. 이에 관한 이슈는 1912~1914년 다시 제기되었는데, 이는 1912~1913년 발칸 전쟁과 터키의 패배 이후 생성된 새로운 우호적 상황과 관계되어 있었다.

이렇게 우호적 상황과 유리한 조건 하에서 모든 아르메니아인의 카톨리코스Catholicos*인 게보르그 5세Gevorg V는 아르메니아 개혁에 관한 이슈를 다시 제기할 것을 러시아 정부에 요청했다. 아르메니아의 정신적 지도자의 요청으로 차르 정부는 레바논 산악의 자율권 조항에 기초한 제안서 초안을 작성했다.

---

9) Nikolay Hovhannisyan, 아르메니아의 새로운 역사에 대한 아랍의 사료에서. In: New History of Armenia in the Works of Contemporary Foreign Authors, Yerevan, 1993, pp.187-188.

* 아르메니아 사도 교회의 수장

이 초안은 유럽의 열강들에게 제출되었고, 같은 해 7월 3일~24일 콘스탄티노플 주재 대사 회의에서 토의의 주제가 되었다.

이에 아르메니아의 여섯 빌랴예트, 즉 에르주룸, 비틀리스, 하르베르드, 스바즈, 반, 디야르베키르는 행정관을 수반으로 하는 하나의 아르메니아 주로 통합할 것이 제안되었다. 행정관은 오스만 시민권을 지닌 기독교인 혹은 유럽인이어야 했고, 매년 5년마다 술탄이 임명하되 반드시 유럽 열강의 승인을 받아야 했다. 이때 모든 행정권이 행정관의 손에 집중되어 있었다. 행정관의 부속기관으로 행정자문위원회Administrative Council가 있었고, 세 명의 기독교인과 세 명의 무슬림이 주 위원회 위원으로 선출되었다. 이때 기독교인과 무슬림은 같은 숫자여야 했다.

러시아의 제안에 대해 유럽 열강들은 서로 다른 태도를 취했다. 이들은 긴 논의 끝에 아르메니아 개혁에 합의했는데, 이는 몇 가지 면에서 이전의 계획과는 다른 점을 지니고 있었다.

이 합의는 정부와 지방행정관의 문제, 즉 아르메니아 통합 주의 창설과 이전의 빌라예트 지위의 유지라는 본질적인 이슈를 거부하고 새로운 버전을 택하였다. 서 아르메니아는 두 개의 존zone으로 나누어졌다. 첫 번째 존에는 에르주룸, 스바즈(세바스테아), 트라브존 빌라예트가 포함되었고, 두 번째 존에는 비틀리스, 반, 하르베르드, 그리고 디야르베키르(티그라나케르트) 빌라예트가 포함되었다. 각각의 존에는 총독General Inspector이 임명되었는데, 그는 외국인 기독교도여야 했다. 즉 터키 시민이 아니어도 되었던 것이다. 총독은 유럽 열강의 추천으로 오스만 정부가 임명하였다.

존의 통치자인 총독은 행정력을 충족시키기 위한 특정한 권력을 위임받았다.

지방위원회의 위원들은 동수 유지의 원칙하에 기독교인과 무슬림 중에서 선출되었다. 공무원들도 같은 원칙하에 임명되었다.

터키 정부는 유럽 열강의 동의하에 첫 번째 존의

총독으로 노르웨이 시민 호프Hoff를 지명하였다. 두 번째 존의 총독은 네덜란드 시민 베스테넨크Vestenenk가 임명되었다. 그렇지만 두 사람 모두 그 지위를 맡지 않았다. 곧이어 제1차 세계대전이 일어났기 때문이다. 터키는 러시아, 영국, 프랑스와 다른 편에 합류하여 서로 적대적인 상태가 되었다. 아르메니아 개혁에 관한 1914년 1월 러시아-터키 합의문은 유보되었다.

이 모든 것을 요약하여 우리는 서 아르메니아인은 오스만 제국의 테두리 내에서 문제를 해결하려 하였고, 결코 분리와 독립국가 건설이라는 문제를 공식적으로 드러내지 않았다고 말할 수 있다. 이들은 개혁, 지방분권, 레바논 산악의 자치적 위상 등 모든 방안들을 수용할 수 있었다.

불행하게도, 복잡한 상황에서 그 어떤 선택도 가능하지 않게 되었다. 새로운 선택만이 효력을 발휘할 수 있었다. 그것은 바로 대량학살이었다.

대량살육의 대가로 아르메니아 문제는 가장 비극

적인 세 번째 발전 단계에 들어섰다. 그것은 바로 제노사이드 국면이었다.

아르메니아인 제노사이드–아르메노사이드

아르메니아인 제노사이드-아르메노사이드

1914년 8월 1일 제1차 세계대전이 발발하였다. 전쟁은 4년 동안 지속되었고 33개국이 참여하였다. 이 전쟁에서 19세기 말~20세기 초에 형성된 정치적·군사적으로 적대적인 두 진영이 중심 역할을 맡고 있었다. 하나는 영국, 프랑스, 러시아를 주축으로 하는 협상국이었고 다른 하나는 독일, 오스트리아-헝가리를 중심으로 후에 터키가 합류한 동맹국이었다. 전 세계 인구의 75%에 해당하는 약 15억의 인구가 전쟁에 연루되었다. 7천 4백만 명이 전쟁에 동원되었고 사망자 수는 천만에 이르렀다. 여기에 2천만 명이 전쟁의 여러 전투에서 부상을 당하였다.

당시 청년 투르크의 3인방-내무장관 탈라트, 국방장관 엔베르, 해군장관 제말-에 의해 통치되고 있던 터키는 1914년 10월 29일 공식적으로 참전하였다.

1차 세계대전은 인류 역사상 가장 비극적인 사건이었다. 이러한 사실은 아르메니아인들을 비켜가지 않았다. 20세기의 첫 번째 제노사이드인 아르메노사이드가 제1차 세계대전 기간 중에 자행되었던 것이다.

1915년에 발생한 아르메니아인 제노사이드의 원인은 무엇이며 그 실현을 가능하게 했던 조건은 무엇이었는가?

1915년의 제노사이드는 예상치 못한 일이 결코 아니었다. 그것은 오스만 제국의 술탄과 그 뒤를 이은 청년 투르크가 아르메니아인을 비롯한 비투르크 민족에 대하여 수십 년 동안 추진해 왔던 민족주의적이고 폭력적인, 그리고 약육강식적인 정책의 귀결이었다. 그것은 공식적인 국가정책이었지 개인적인 정책이 결코 아니었다.

오스만 제국은 제민족의 끔찍한 감옥으로서 심각한 위기를 경험하며 쇠퇴하기 시작했다. 현대 이집트

사상가이며 역사가인 무하마드 샤킥 가르발Muhammad Shakik Gharbal의 표현에 따르면, 이는 "그 어떤 새로운 정치적 · 종교적 · 사회적 사상에 정착하지 못했다는 사실로써 추론할 수 있다. 그 대신 오스만 제국은 전쟁과 팽창에 의존했고, 다른 민족에 속하고 다른 종교를 가진 수많은 라야에게는 문호를 개방하지 않았다."10)

터키는 새로운 사상을 추구하거나 그것에 의존하려 하지 않았다. 그들은 전쟁, 폭력, 살육이라는 낡고 진부한 방식을 택했다.

또한 오스만 제국의 통치자는 라야, 즉 사실상 노예인 기독교인 시민들의 지위를 최소한 어느 정도 바꾸거나 그들에게 문호를 개방하고 희망의 씨앗을 주는 것을 결코 고려하지 않았다. 그들은 라야는 라야로 남아야 한다는 굳건한 신념을 지니고 있었다.

이러한 해부학적 구조를 지닌 나라에서 제노사이드는 당연한 일이었고, 그것은 서 아르메니아인에

10) Fuad Hasan Hafiz, History of the Armenian People from the Beginning Up Todays, p.180.

대하여 자행되었다.

시간이 흐름에 따라 오스만 제국에는 투르크인, 쿠르드인, 시르카시아인으로 구성된 사회 계층이 견고하게 형성되었다. 그들은 살인과 학살을 전담하였는데, 이것은 그들에게 일종의 직업이고 생활양식이었지 돈을 벌기 위한 일회적이고 불법적인 방식이 결코 아니었다. 동시에 이것은 그들이 오스만 국가 조직내에서 자리를 차지하는 방식이었다.

그들은 아르메니아인 제노사이드에 있어 이해관계가 가장 깊은 계층이었다. 이 특수계층이 바로 아르메노사이드의 하수인이 되었던 것이다.

오스만 제국 내에서는 아시리아인, 아랍인, 불가리아인, 아르메니아인, 그리스인, 세르비아인, 슬라브인에 대한 학살이 주기적으로 자행되고 있었다. 이는 궁극적으로 이 사회가 비투르크 집단의 학살에 둔감해지는 결과를 낳았다. 그 어떤 잔인하고 폭력적인 방식의 개별적 살인이나 대량살상도 투르크인의 저항을 불러일으키거나 불안의 원인이 되지 못했다. 이미 이런 것에 익숙해져 있었기 때문이었다.

이런 나라에서, 또 이런 조건에서 어둡고 퇴행적이며 피에 굶주린 다수의 세력을 동원하여 민족정화와 대량살상은 물론 제노사이드까지 계획하고 실행에 옮기는 것은 어려운 일이 아니었다. 아르메니아인은 바로 이런 수레바퀴 아래 떨어진 것이다.

오스만 제국의 해부학적 구조에 대한 전문적인 연구를 통해 우리는 그 나라가 범죄적이고 제노사이드적인 국가이며 유형학적으로는 '제노사이드 국가'에 속한다는 결론을 도출할 수 있다.

오스만 국가 체제는 학살과 제노사이드를 향해 배열되었고, 아르메니아 제노사이드의 준비와 실행을 위한 적절한 개념과 이론적 근거로 무장되어 있었다.

1870년대 오스마니즘Ottomanism의 개념이 유포되었다. 이에 따르면, 투르크인, 아랍인, 쿠르드인, 아르메니아인, 그리스인, 슬라브인, 아시리아인 등, 무슬림이건 기독교인이건 상관없이 제국의 모든 민족들은 모두 오스만인Ottomanian으로 공표되었다. 그들은 이 이론에 따라 오스만 민족이라는 단일한 통일민족을 구성하였다. 아마 오스마니즘은 민족의 동화를 공개적으로 명시한 첫 번째 개념이 될 것이다.

비투르크 민족들이 오스마니즘 이데올로기 뒤에 숨어 있는 가공할 위협을 깨닫는 것은 어렵지 않은 일이었다. 그들은 오스만 지배 도당의 이 극단적인 위험 정책에 대하여 단결하여 저항했다. 그리고 오스마니즘의 이데올로기는 실패했다.

이후 청년 투르크가 정권을 잡게 되자 오스만의 이데올로기 연구가들은 투르키즘-투라니즘Turkism-Turanism 이론에 매진했다. 그것은 오스마니즘의 개념보다 더욱 위험한 것이었다. 투르키즘은 그들의 공식 이데올로기가 되었다.

투르키즘은 양면성을 지니고 있었다.

하나는 내적인 것으로, 오스만 제국 내의 모든 민족을 향한 것이었다. 그 과제는 모든 무슬림과 기독교인을 투르크인으로 개종시키기 위한 정치적 · 군사적 · 사회적 여건을 조성하고 이에 우호적인 도덕적 심리적 분위기를 준비하는 것이다. 이들은 투르크인으로 공표될 뿐 아니라 투르크인으로 개종되어야 했다. 이것이 가장 첨예하게 눈에 띄는 양상이었는데, 그 이유는 필연적으로 폭력에 의지해야 했기 때문이다.

이의 실행에 있어 세 단계가 계획되었다. 첫 번째는 무슬림과 기독교인을 강제로 투르크인화하고 역시 강제로 기독교인을 무슬림으로 개종시키는 것이었다. 두 번째는 인종청소 혹은 정화인데, 여기에는 투르크화를 거부하는 모든 인종집단에 대한 강제추방이 예고되어 있었다. 세 번째는 전체 인종집단과 사람들을 몰살시키는 것, 즉 제노사이드였다.

이러한 정책을 추구하는 목적은 투르크 인종의 우월성이란 인종학적 원칙에 기반한 '순수' 투르크 민족 국가를 창조하는 것이었다.

또한 두 번째 목적이 있었다. 그것은 오스만 제국의 통일성을 유지하는 것이다.

투르키즘 이론의 역풍은 카프카스, 중앙아시아, 러시아의 우랄 지역, 크리미아 지역과 그 밖의 투르크

어를 사용하는 여러 민족 등, 오스만 제국 너머의 모든 민족들을 겨냥하고 있었다. 이러한 사상은 소아시아의 동쪽 해안에서 서시베리아, 그리고 중국 국경에 이르는 거대한 영토를 포괄하는 '위대한 투란 제국'Great Turanian Empire의 창조를 목적으로 하는 것이다. 이러한 굳건한 사상과 계획은 오늘날 판-투르키즘 Pan-Turkism의 핵심을 제시하는 터키의 몇몇 정치 단체에서 찾을 수 있다.[11] 이것은 또한 제1차 세계대전 동안 터키가 러시아에 적대적인 정치-군사 진영의 일원으로 참여하였다는 사실로도 설명될 수 있다.

이러한 판-투르키즘의 팽창 욕구는 러시아, 이란, 중국과 그 밖의 지역에 있는 국가와 민족에게 위협이 되었다.

이것은 아르메니아인에게도 커다란 위험이 되었다. 아르메니아는 지리적으로 판-투르키즘의 교차로에 위치하고 있었다. 이와 관련하여 청년 투르크 지도부의 한 명인 알리 이산Ali Ihsan은 만일 아르메니아

11) Graham Fuller, Turkey Faces East, New Orientations Toward the Middle East and the Old Soviet Union, RAND, Santa Monica, 1992.

가 없었더라면 그들은 이미 오래 전에 카프카스를 차지했을 것이라고 말했다. 이렇게 아르메니아인들은 판-투르키즘을 받아들이느냐 아니면 투르키즘의 길을 이탈하느냐의 딜레마에 봉착했다.

이와 같이 아르메니아인 제노사이드는 오스만 제국의 영토적 통일의 지속과 '순수' 투르크 민족 국가의 창조는 물론, 청년 투르크의 투라니즘 혹은 판-투르키즘 계획이라는 테두리에도 완전히 부합하는 것이었다. 바로 여기서 아르메니아인 제노사이드의 원인을 찾을 수 있다. 즉 청년 투르크의 '이론적' 개념과 이에 근거하는 정책에 그 원인이 있는 것이다.

광의의 측면에서 아르메니아인 제노사이드의 조건으로 간주되는 또 다른 의견을 소개하는 것도 의미 있는 일이다. 역설적인 듯하지만, 그것은 바로 발칸 민족의 독립선언과 오스만 멍에로부터의 해방이라는 이슈이다.

터키의 패배로 끝난 1877~1878년 러시아-투르크 전쟁과 특히 1912~1913년 제1차 발칸전쟁에서 터기는 유럽 영토의 거의 대부분을 상실했다. 유럽 영토 가운데 수도인 콘스탄티노플과 이에 근접해 있는 상대적으로 작은 지역만이 그들 수중에 남았을 뿐이다. 이는 오스만 제국에 커다란 손실이고 타격으로서 그 통치자들을 분기시키는 결과를 가져왔다. 그들은 제국에 심각한 위험이 임박했음을 의식하기 시작했다. 제국의 존립이라는 본질적인 문제는 아니더라도 최소한 그 유지를 위협받고 있는 것이었다. 그들은 모든 수단을 동원해서 여러 민족의 독립에 관한 열망을 억압하는 것이 중요하다는 것을 깨달았다. 그러한 열망이 제국의 균열을 초래하기 때문이었다.

발칸은 제국의 외곽에 있었고, 발칸의 상실이 제국의 몰락을 의미하는 것은 아니었다. 마찬가지로 그것이 터키의 핵인 소아시아를 직접적으로 위협하는 것도 아니었다. 그러나 서 아르메니아는 달랐다. 전문적인 문헌에서 아르메니아는 보통 소아시아의 심장으로 규정되어 있었다. 청년 투르크 지도부는 서 아르메니아의 상실이 제국의 몰락을 의미할 뿐 아니라 투르크 국가의 존립 자체에 문제가 될 수 있다는 것을 깨달았다.

동시에 그들은 자신이 유럽 열강 사이에서 영원한 논쟁거리로 있을 수 없으며 아르메니아 지역의 개혁도 피할 수 없다는 것을 잘 알고 있었다.

비록 아르메니아인들이 터키로부터의 분리와 독립을 스스로 고려하지 않는다 해도 어느 날 갑자기 아르메니아 독립의 이슈가 튀어 나오지 않는다는 보장이 없었다. 이 모든 것을 고려하여 시간은 운명이 허락한 기회를 포착하도록 투르크인을 부추겼다. 이에 언젠가 33년 전 술탄 압둘 하미드 2세가 구상했던 방식, 즉 오스만 제국의 전 영토에서 모든 아르메니아인의 절멸이라는 제노사이드의 방식으로 아르메니아 문제를 해결하게 되었던 것이다.

그리하여 터키는 제1차 세계대전 동안 이 극악무도한 범죄의 실행에 착수했고 이를 성공시켰다.

또 하나의 문제를 언급해야겠다. 그것은 아르메니

아인을 강제로 투르크화하려는 청년 투르크의 시도가 실패했다는 것이다. 아르메니아인의 민족적 정체성과 수세기에 걸친 민족적 가치, 언어, 종교 문화에 대한 결속력이 너무 강하기 때문에 자의건 타의건 그 어떤 방법으로도 결코 그들을 투르크화할 수 없었다. 그래서 청년 투르크의 지도부는 제노사이드를 통한 아르메니아인의 물리적 제거라는 결정으로 방향을 돌렸던 것이다.

이 정책은 성공적이었다. 그 실행에 있어 광범위한 경험과 기술을 지닌 국가체제, 억압능력, 전횡과 유혈의 대량살상, 적절한 이론(오스마니즘, 투르키즘, 판-투르키즘), 적절한 메커니즘과 우호적인 조건 등 모든 전제조건이 준비되었기 때문이었다.

이러한 것들이 일반적으로 20세기 첫 번째 제노사이드인 아르메노사이드의 원인이자 전제조건이 되었다.

그렇지만 이러한 조건들은 제1차 세계대전으로 형성된 국제적 조건이 없었더라면 생명을 부여받지 못했을 것이다.

이전에 터키는 영국, 오스트리아-헝가리, 독일, 러시아, 프랑스로 구성된 위대한 유럽 열강으로 간주되었다. '유럽 콘서트'European Concert로도 알려진 이 국가들 사이에 심각한 논쟁이 벌어지고 있었고, 터키는 이런 상황에서 이익을 취할 수 있는 기회를 놓치지 않았다. 그렇지만 열강들은 자주 술탄에게 조정안을 제출했고, 아르메니아 문제를 탐색하며 술탄이 자신들의 요구를 알게 하였다.

전쟁으로 인해 '유럽 콘서트'는 적대적인 두 진영으로 나뉘었다. 영국, 프랑스, 러시아와 그 동맹국이 한편이라면, 독일, 오스트리아-헝가리, 오스만 제국은 다른 한편이었다.

전쟁 기간 동안 영국, 프랑스, 러시아의 협상국은 오스만 제국의 내정에 대해 이런저런 이유로 간섭하거나 아르메니아 문제에 대하여 그 통치자에게 요구할 수 있는 힘을 상실했다.

이것은 오스만 통치자를 안심시켰고 그들에게 광

범위한 행동의 자유를 주었다. 시간이 지남에 따라 그들은 자신의 행동에 대한 협상국의 반응에 아무 걱정도 하지 않게 되었다. 청년 투르크의 3인방이 이끄는 오스만의 통치는 순수한 투르크 정치체제의 창조에 돌입했다. 그중 하나가 바로 아르메니아 문제를 제노사이드의 방법으로 해결하는 것이었다.

이때 오스만의 통치자들에 개입하여 이를 중지시킬 수 있는 유일한 세력이 있었다. 그것은 터키의 동맹국 독일이었다. 그러나 독일은 청년 투르크를 제재하기 위해 손가락 하나도 까딱하지 않았다.

독일의 주요 목표의 하나는 터키를 근거지로 삼아 적국인 영국과 프랑스를 몰아내고 근동에서 자신의 세력을 확장하는 것이었다. 아울러 독일은 자신의 또 다른 적인 러시아에 대항하여 터키를 이용할 계획을 세우고 있었다. 그러므로 전쟁 기간 동안 독일은 이 일차적인 전략적 계획을 현실화하기 위해 모든 방법을 동원하여 터키를 지원했다. 독일이 관심을 갖는 것은 자국의 머나먼 목표를 달성하는 것이지 아르메니아인 제노사이드를 막는 것이 아니었다.

앞서 언급했듯이, 이렇게 계획된 범죄를 막을 만한 그 어떤 세력도 터키 내부에는 존재하지 않았다.

이와 같이 국내적, 국제적으로 협조적인 상황에 고무되어 청년 투르크 지도부인 탈라트, 엔베르, 제말은 그들의 약탈적 계획을 실행에 옮겼다. 즉 아르메니아인을 그들의 역사적 고향인 서 아르메니아에서 살해하기로 한 것이다.

제노사이드를 통해 아르메니아 문제를 해결하려는 청년 투르크의 결정은 1910년 초 수차례에 걸친 연합과 진보 중앙위원회 회의와 비밀회합에서 완성되었다.

1911년 살로니카에서 열린 연속회의에서 제국의 비투르크 민족의 강제 투르크화에 대한 최후 법안이 통과되었다. 여기에는 그곳에 살고 있던 아르메니아인이 분명히 포함되어 있었다.

1914년 내무장관 탈라트가 서명한 비밀문서가 지방행정관에게 전달되었다. 그것은 모든 아르메니아 남자들의 몰살과 이에 필요한 특별 수단에 대한 것이었다. 청년 투르크 지도부의 한 명으로서 아르메니아인 제노사이드에 관련된 주요 인사인 교육부 장관 닥터 나짐Nazim은 아르메니아인 제노사이드가 최후로 결정된 1914년 말 당의 비밀총회에서 다음과 같이 연설했다.

"아르메니아인을 뿌리 뽑아야 한다. 그래서 우리 나라에 단 한 명의 아르메니아인도 남아 있지 않아야 한다. 그 이름조차 기억되지 않아야 한다. 지금 전쟁이 진행 중이다. 더 이상 좋은 기회는 없다. 열강의 간섭이나 전 세계 매스미디어의 요란한 항의도 주목받지 않을 것이다. 설사 그들이 알게 된다 해도 그것은 이미 일이 진행된 후가 될 것이다. 문제는 이미 끝난 것이다. 이제 우리는 아르메니아인의 절멸에 총력을 기울여야 한다. 그들을 모두 파멸시켜야 한다. 마지막 한 사람까지… 나는 투르크인을 원한다. 그리고 이 땅이 투르크인로 가득 차고, 투르크인만 살기를 원한다. 민족과 종교에 상관없다. 모든 비

투르크인들을 타도하라!"[12]

최후의 일인까지 아르메니아인을 제거하라는 청년 투르크의 결정은 그들의 지도부로 하여금 자신이 추진하는 위험한 게임에 아르메니아인을 끌어들이는데 주저하지 않았다. 우리는 그들이 1914년 7월 에르주룸에서 벌어진 아르메니아 혁명연합(다슈나크 당)회의에 참석하여 발표했던 사실을 기억해야 한다.

당시 전쟁의 바람이 불어 닥친 것이 이미 감지되었고, 다슈나크는 전쟁에서 아르메니아의 입장을 결정하기 위한 회의를 소집했다.

이 이야기를 들은 청년 투르크 지도부는 두 명의 대표를 회의에 파견했다. 그들은 당에서 높은 지위를 차지하고 있었던 나지 베이Naje Bey와 샤키르 베하에딘Shakir Behaeddin이었다.

그들은 회의에서 연설을 하면서 연합과 진보 위원

12) Mevlan Zade Rifat, Turkie inkilabinin ic uyzu, Halep, 1929, s.89.

회의 후속 요구를 제출했다. 그것은 다음과 같다. 첫째, 전쟁 기간 동안 의회는 터키와 러시아에 살고 있는 모든 아르메니아인을 대신하여 터키에 대한 아르메니아인의 충성을 공표한다. 둘째, 아르메니아인의 이탈을 조장하고 러시아와 싸우게 한다. 셋째, 카프카스와 러시아 군대의 후방에서 폭동을 교사한다. 그들은 또한 '만일 아르메니아인이 이러한 요구를 받아들인다면, 전쟁이 끝난 후 터키와 러시아의 몇몇 아르메니아 영토에서 독립국가를 창조할 권리를 부여할 것'이라고 공표했다.

청년 투르크 지도부의 요구에 대하여 의회는, 오스만 제국의 아르메니아인과 러시아 제국의 아르메니아인은 서로 다른 나라의 국민으로서 자신이 살고 있는 나라에 충성할 것이며 서로 다른 진영에서 싸우게 될 것이라고 선언했다. 이 결의안에는 폭동의 교사에 대하여 다음과 같이 강조하고 있다.

"의회는 러시아의 아르메니아인에 대해 말할 수

없다. 그들은 다른 나라의 국민이기 때문이다."

이와 함께 의회는 결의안에서 다음과 같이 명백히 밝혔다.

"만일 터키 정부가 전쟁에 참여하기로 결정을 내린다면, 터키 내의 아르메니아인은 터키 국민으로서 그들에게 지워진 의무를 이행할 것이다. 즉 제국의 다른 시민들과 마찬가지로 군인으로서 땅을 지키고 국가에 봉사할 것이다."

이러한 결정을 통과시키는 것은 쉽지 않았다. 러시아에 있는 아르메니아인이 자신의 국가에 대한 의무를 이행한다는 것은 아르메니아인 형제에 대항하는 것을 의미했기 때문이다.

그럼에도 불구하고 청년 투르크의 대표들은 의회에서 통과된 이 결의안에 불만을 표했다. 러시아 내 아르메니아인을 사주하여 러시아에 대항하게 하고 러시아 군대와 카프카스에서 불안을 조장하려는 그들의 요구가 관철되지 않았기 때문이다. 아르메니아인 제노사이드의의 가장 열렬한 조직자이자 집행자였던 샤키르 베하에딘이 분노를 참지 못하고 '반역이다!'라고 의회에서 소리쳤던 것은 바로 이런 이유이다.

1914년 2월 아르메니아인 제노사이드를 조직하고 무자비하게 실행하기 위해 연합과 진보 위원회의 결의안에 따라 '3인의 집행 위원회'가 결성되었다. 이 위원회는 닥터 나짐, 샤키르 베하에딘, 그리고 미하트 슈크리Midhat Shuqri로 구성되어 있었다.

청년 투르크의 3인방-탈라트, 엔베르, 제말-은 이 위원회를 통해 행동했다. 위원회는 막강한 힘을 부여받고 오스만 제국 내 모든 아르메니아인의 학살과 추방에 대한 계획과 실행에 있어 모든 것을 책임지고 있었다. 위원회는 아르메니아인의 학살과 추방과 관련하여 지역별 시간대, 추방 루트와 목적지, 집중 지역과 이후의 학살 등 기술적인 사항까지 아주 세세하게 계획했다.

청년 투르크의 결의와 주장에 따라 소위 '테슈킬라트-이-마수세'Teshqilat-i Mahsuseh, 즉 '특수조직'이 창설되었다. 이 조직은 3인 위원회의 결정에 따라 행동하였는데, 제노사이드의 실제 권한에 대한 책임은 바로 이 3인위원회에 있는 것이다. 여기서 샤키르 베하에딘이 직접 지시를 하달했다. '테슈킬라트-이-마수세'는 '체테스'chetes, 즉 도적들, 강도들, 범죄자들 그리고 그 밖에 사회의 쓰레기들로 구성되었다. 이들은 이 목적을 위해 감옥에서 풀려났고 따라서 가장 폭력적인 범죄를 저지를 수 있었다.

1915년 청년 투르크는 아르메니아인 제노사이드의 실행에 착수했다.

터키가 전쟁에 합류하고 동원령이 공표되자 서 아르메니아인들은 제국의 다른 국민들과 마찬가지로 군대에 소환되었다. 거의 6만에 달하는 18~45세의 아르메니아인들이 징병에 응했다. 그들은 대부분 건설 작업에 동원되었고 모두 주어진 과제를 성실하게 수행하였다.

청년 투르크 지도부는 징집된 아르메니아인 군사

들에게 첫 번째 타격을 가함으로써 아르메니아인 제노사이드 계획의 실행 단계에 돌입하였다. 이로써 그들은 아르메니아인들로부터 잠재적인 군사적 지지를 박탈할 수 있었다.

1915년 2월 국방장관 엔베르의 명령에 따라 모든 아르메니아인 군사들은 무장을 해제당하였다. 그리고 50~100명의 그룹으로 나뉘어져 살해당했다. 이렇게 아르메니아인들은 그들의 생명, 집, 재산, 거주지를 방어할 수 있는 군사력을 처음부터 박탈당했던 것이다. 집에는 노인과 병자, 여자, 아이들만 남아 있었다.

1915년 4월 24일 두 번째 타격이 아르메니아인을 강타했다. 이날 콘스탄티노플에서는 서 아르메니아의 선택받은 엘리트들이 그 어떤 공적인 보호도 받지 못한 채 체포되어 쫓겨났다. 이들은 메즐리스Mejlis* 의 위원, 작가, 변호사, 교사, 기자, 의사, 공적 인물들, 성직자, 예술가 등 거의 800여 명이 해당되었

* 투르크 의회

다. 그들은 모두 유형지로 가는 도중에 혹은 목적지에 도달해서 살해당했다.[13]

아르메니아 당원과 정치적 인물들도 계획에 따라 체포되고 살해되었다. 제이툰의 잘 알려진 지도자 나자레스 차우슈Nazareth Chaush, 반의 탁월한 공적 인물 이쉬한Ishkhan, 우르파의 아르메니아인의 총 지도자 등 이러한 운명에 처한 사람은 거의 1백 명에 달하였다. 1915년 6월 제국의 수도의 중앙광장에서는 탁월한 지도자 파라마즈Paramaz가 이끄는 헨착당Henchak Park의 당원 스무 명이 교수형에 처해졌다.

타격의 순서는 물론 그 방향도 오스만 정부에 의해 정확하게 선택되었다. 그것은 서 아르메니아인을 참수하고 이들로부터 군사적 지원과 정치적, 지적 지도자들을 빼앗고, 아르메니아인의 사기를 꺾고 조직을 해체하고, 이들이 저항을 표하고 이를 준비할 수 있는 모든 가능성을 배제하려는 의도에서였다.

아르메니아인 군인의 학살과 지식인 참수는 서 아

13) 4월 24일은 전 세계 아르메니아인들에게 제노사이드 추모의 날이 되었다.

르메니아인들에게 치명적인 것이었다. 아르메니아인들은 사실상 조직적으로 저항할 가능성을 상실했던 것이다. 이것은 제노사이드가 보다 광대한 규모로 실행되는 것을 상대적으로 용이하게 했다.

그 다음에 집행관들은 아르메니아인을 그들의 고향인 서 아르메니아, 실리시아, 서아나톨리아의 마을과 지방에서 체포, 추방, 살해하며 자신들을 위한 길을 닦았다. 아르메니아인의 학살과 추방은 제국의 동에서 서까지, 북에서 남까지 오스만 제국 전 지역에서 행해졌다.

1915년 4월 10일, 콘스탄티노플에서 러시아 외무성으로 보낸 외교문서에는 당시 터키의 상황과 지배적인 분위기에 대한 매우 신빙성 있는 대목이 있었다.

"기독교인, 그중에서 특히 아르메니아인은 온갖 박해를 받았고 고문도 자주 일어났다. 병역에 소환한다는 핑계로 나이에 상관없이 사람들을 체포하였고, 거리, 교회, 상점, 전차 안에서 잡아가기도 하였다… 그들은 하던 일을 끝낼 수도 없었고 친지에게 연락할 기회도 갖지 못했다."[14]

1915년 5월 14일 술탄의 명령에 의해 추방령이 승인되었고, 국방장관 엔베르가 그 실행을 위임받았다. 이 법은 군사지휘관이 도시와 마을의 거주자들을 개인적 혹은 집단적으로 다른 장소로 강제 이주시킬 수 있는 권한을 허용하고 있었다. 이렇게 합법적으로 아르메니아인들을 고향에서 내쫓고 아랍 사막으로 강제 추방하였던 것이다. 터키군은 지방행정관에게 이 법을 엄격하게 지키라는 명령을 하달하였다. 만일 무슬림이 아르메니아인을 숨겨준다면 "그를 자신의 집 앞에서 교수형 시키고 그 집을 불태울 것"이라고 경고했다.

터키의 육군 장교와 관리들 역시 "아르메니아인이 추방에서 벗어나지 못하도록" 최선을 다할 것을 경고 받았다. 법을 준수하지 않을 때, "육군 장교는 즉시 계급을 박탈하고 군사법정에 세울 것이고 관리들

14) 러시아 외무부 고문서 보관소(Archive of the Foreign Policy of Russia). PolitArchive, D. 3804, L.22.

은 즉시 면직하고 법정에 세울 것이다."

1915년 5월부터 비틀리스, 디야르베키르, 에르주룸, 하베르드, 세바스테아(스바즈), 반 등 아르메니아의 여섯 빌라예트와 트라브존 빌라예트에서 아르메니아인의 대량살상과 추방이 시작되었다.

아르메니아인 인구가 210만에 달했던 비틀리스 빌라예트는 1915년 완전히 황폐해졌다. 무쉬와 사순, 그 밖의 다른 주들과 비틀리스의 마을에서 수만 명의 아르메니아인들이 그 자리에서 살해당했고 나머지는 유형지로 가는 도중에 죽음을 맞이했다.

1915년 6월 청년 투르크는 디야르베키르 빌라예트에서 제노사이드 계획을 실행했다. 우선 그들은 디야르베키르의 명망 있는 아르메니아인들을 살해했다. 공적 인물과 민족지사, 성직자가 이에 해당된다. 그 다음 대량살상을 실행에 옮겼다. 대부분의 아르메니아인들이 추방당하는 도중, 말하자면 라스 울-아인Ras ul-Ayn에서 살해당했다. 아르메니아의 다른 빌라예트와 마찬가지로 디야르베키르 빌라예트에서도 아르메니아인을 찾아볼 수 없게 되었다.

에르주룸 빌라예트의 대학살은 1915년에 시작되었다. 이때 사리카무쉬 전투에서 패배한 엔베르는 에르주룸 마을로 도망쳤다. 바로 그곳에서 굴욕을 당해 포악해진 장관의 명령에 따라 아르메니아 군인들과 의사들이 무장해제와 죽임을 당했던 것이다. 그 뒤를 이어 빌라예트와 마을에 거주하는 아르메니아인에 대한 야만적인 학살과 추방이 행해졌다. 터키 군대는 아르메니아인 촌락을 포위하고 마을 사람들을 내몰았다. 이때 명령을 거부하고 자기 집을 버린 사람들은 즉석에서 살해당했다.

에르주룸의 거주자들은 에르주룸-에르잔-에르진칸, 에르주룸-바베르드-데르잔으로 가는 길에, 하르베르드와 말라티아로 포위되어서, 그리고 데우르 아즈-조르에서 뿌리째 근절되었다. 데우르 아즈-조르는 모든 아르메니아인의 묘지가 되었는데, 바로 이곳으로 제국의 곳곳에서 추방이 행해졌기 때문이다. 에르주룸 카라반caravan에는 1만8천 명의 아르메니아인이 포함되어 있었는데, 알레포에 도달한 사람은 여자와 아이들을 합해 150명에 불과했다. 나머지는 가는 도중 살해당하거나 굶주림과 질병으로 죽었던 것이다. 1915년 8월 한때 아르메니아의 유명한 마을이었던 에르주룸에는 50여 가구만 남아 있었다. 이들은 뛰어난 숙련공으로서 이들을 살려둔 이유는 터키군대가 필요할 때 이용하기 위해서였다.[15)]

하르베르드 빌라예트에서 제노사이드 계획은 1915년 7월부터 효력을 발휘했다. 터키 당국에 의해 아르메니아 학교들은 몇 달 전에 폐쇄되었고 아르메니아인들은 재산을 빼앗겼다. 주와 도시의 명망 있는 공적 인물들은 체포되어 감옥에 수감되었고, 그 다음에 산 채로 불태워졌다. 하르베르드의 모든 아르메니아인은 추방되어 데우르 아즈-조르로 내몰렸다. 이것이 그들의 마지막 '여행'이었다. 거의 아무도 살아남지 못했던 것이다.

세바스테아(스바즈) 빌라예트에서 터키 행정관은

15) The Treatment of Armenians in the Ottoman Empire, 1915~1916. Documents Presented to Viscount Grey of Fallodon by Viscount Bryce; with the Pref. of Viscount Bryce, London, 1916., 1972, p.295.

똑같은 시나리오를 실행에 옮겼다. 그들은 1915년 3월 15일, 40명의 아르메니아 당원들을 체포하고 살해했다. 곧이어 500명의 지식인이 체포되었다. 그들 중 일부는 알리스 강Alice River의 제방에서 즉시 살해되었고, 다른 사람들은 티그리스 강에 빠져 죽임을 당하였다. 그 다음 강제추방이 행해졌다. 세바스테아의 모든 아르메니아인은 세 개의 카라반으로 나누어졌다. 1915년 7월 초 추방이 마무리되었고, 대다수가 유형지로 가는 도중 살해되었다. 첫 번째 카라반 중에 살아남아 알레포에 도달한 사람은 350명에 불과했다.

반 빌라예트에서는 터키인의 계획과는 다른 시나리오가 전개되었다. 이곳에서는 대량살상을 자행하는 일에 실패했던 것이다. 1915년 봄 반에 있는 아르메니아인들은 저항할 태세를 갖추고 터키 군대에 대항하여 거의 한 달을 영웅적으로 항거했다. 1915년 5월 6일, 러시아 군대와 아르메니아 자원군이 반에 입성하여 아르메니아인들을 구해 주었다. 아람 마누

키안Aram Manukyan을 수반으로 반 행정부가 수립되었다. 그렇지만 이것은 오래 가지 못하였다. 아무도 예기치 못한 상황에서 러시아 군대가 퇴각하였기 때문이다. 아르메니아인들에게는 자신의 땅을 버리고 떠나는 것 외에 다른 선택의 여지가 없었다. 혹독한 고통을 견디고 극심한 손실을 치른 결과 그들은 동 아르메니아에 도착할 수 있었다.

터키 군대는 다시 반에 들어갔다. 그들은 퇴각하는 러시아군과 함께 떠나지 못한 아르메니아인들을 모두 죽이고 도시를 파괴했다. 그리고 아르메니아인의 집과 재산을 약탈했다.

트라브존 빌라예트와 제국의 다른 주들 역시 제노사이드의 소용돌이 속에 휘말렸다.

앞서 언급했듯이, 이 일곱 빌라예트는 1915년 러시아-터키 협정에 의해 아르메니아 자치 정부가 세워져서 유럽인 기독교인 총독인 비지에르Viziers가 다스리는 두 지역으로 구성되어 있었다. 청년 투르크는 이 주들을 아르메니아인으로부터 접수하면서 미래에 국가구조를 구축할 수 있는 토대를 파괴했다.

투르크 분견대, 내부세력, 경찰, 테슈킬라트-이 마수세, 체테스, 쿠르드인을 두목으로 하는 무장 도적단이 도시와 마을, 아르메니아인의 집에 침입하여 여자와 노인과 아이들을 죽였다. 그들의 재산과 물건들을 빼앗고 가축을 약탈하였으며 조금이라도 값어치 있는 모든 물건을 가져갔다. 그리고 아르메니아인의 집, 그 이웃과 마을은 모두 불태웠다.

그것은 총체적인 대학살, 인종적 차이로 발생한 제노사이드였다.

터키 정부는 지방행정관에게 칙사를 급파하여 그들의 영역에 들어온 아르메니아 피난민 카라반에 대하여 일말의 동정도 없이 무자비하게 대할 것을 명령했다. 내무장관 탈라트는 청년 투르크의 지침에 따라 1915년 9월 16일 알레포의 행정관에게 타전打電하여 여자, 노인, 심지어 신생아들까지 모든 아르메니아인을 하나도 남김없이 학살할 것을 명령했다.

쫓겨난 아르메니아인들은 투르크 분견대의 호송

하에 아랍 사막, 시리아, 메소포타미아로 추방당했다.

폭력과 기후와 날씨는 참기 힘든 조건이었다. 많은 사람들이 혹은 굶주림, 혹은 목마름, 혹은 쇠약함, 혹은 질병으로 사망하였다. 목격자의 증언대로라면, 유프라테스 강은 죽임을 당하거나 물에 빠진 아르메니아인들로 가득했다. 추방된 카라반은 데우르 아즈-조르, 라스 울-아인, 알레포, 메스케네, 바쿠바, 나흐알-우마르와 같은 아랍 거주지를 지나게 되었고, 이 지역들은 골고다로 향하는 아르메니아인의 이정표가 되었다.

청년 투르크는 아르메니아 카라반을 아랍 사막으로 이끌면서 두 가지 목적을 갖고 있었다.

첫째, 그들은 아르메니아인들이 굶주림, 질병, 피로라는 혹독한 조건을 견디지 못하고 사막의 모래 속에 파묻힐 것을 확신했다. 이것은 확실히 실현되었다. 수많은 아르메니아인이 모래 속에 삼켜졌던 것이다.

둘째, 청년 투르크는 아랍의 이슬람적 환경이 정

교도인 아르메니아 피난민 카라반에 대하여 적대적일 것이고 따라서 그들이 피의 행동을 이어받고 이를 지속해줄 것이라 믿었다.

이 점에서는 그들이 틀렸다.

아랍인들 스스로가 잔혹한 오스만 정권의 멍에에 고통 받고 있었던 것이다. 그들은 오스만의 멍에를 혐오하면서 이를 떨쳐버릴 방법을 모색하고 있었다. 아랍 국가들은 불만을 쌓았고 그것은 1916년 6월, 터키 지배에 대한 무장봉기로 나타났다. 아랍 민족들은 청년 투르크의 기대를 채우는 대신 자신의 도시와 마을을 통과하는 피난민 카라반에게 도움의 손길을 내밀고 자신의 행위에 어떤 위험이 따르더라도 그들을 피의 손길로부터 보호해 주었다. 이에 대한 청년 투르크의 보복은 가혹했다. 아르메니아인의 고통을 조금이라도 덜어주려는 사람은 누구든지 살해할 정도였다.

그럼에도 불구하고 아랍인 장교들이 자신의 영토를 통과하거나 그곳에 정주하는 아르메니아인을 죽이라는 터키 정부의 비인간적인 명령에 복종하기를 거부했던 수많은 예를 찾을 수 있다. 시리아의 하마와 데우르 아즈-조르의 아랍인 행정관들, 디야르베키르 빌라예트와 모술, 알-바쉬르 지역과 그 밖의 여러 아랍 마을과 행정구역의 행정관들이 이런 태도를 취하였다. 명령은 또한 이집트 지도부에도 전달되었는데, 이집트의 무사 다그Musa Dagh*에서는 아르메니아인 거주자들이 피난처를 찾았다. 이집트 지도자는 상주하고 있던 이집트 분견대에 대항하여 40일 동안 영웅적으로 항거한 후 프랑스 군함에 포획되어 고향을 떠나 이집트의 포트사이드Port Said**로 이송되었다.

유사한 예는 수없이 많다. 그렇지만 앞서 제시한 사례만으로도 우리는 아랍의 민족적·종교적 지도자들과 장교 개개인이 도움의 손길을 뻗지 않았다면 아르메니아인 사상자는 훨씬 더 많아졌을 것이라고 확실하게 주장할 수 있다.

아랍인들의 용기 있고 정직한 덕행으로 수십만의

* 아르메니아인 제노사이드의 저항의 근거지로 알려져 있는 곳

** 이집트 동북부, 수에즈 운하의 지중해 쪽에 있는 항구 도시

아르메니아인들이 죽음에서 구원되었다. 이들은 피난처를 구하고 정착할 권리를 부여받았는데, 이는 시리아, 레바논, 이라크, 요르단, 이집트 등 수 많은 아랍 국가에 아르메니아인 공동체가 형성된 사실로 나타난다. 이러한 공동체는 현대 아르메니아인 디아스포라의 기반을 구축했다.

전쟁 기간 동안 정보유출에 대한 엄격한 제한과 군사적 검열에도 불구하고 청년 투르크가 자행한 아르메니아인 제노사이드는 전 세계에 알려졌다. 도저히 믿을 수 없는 흉악한 범죄에 대하여 전 세계가 경악했다.

세계 여러 나라의 정부, 주, 공적 정치적 인물, 성직자, 작가, 예술가와 그 밖의 많은 사람들이 청년 투르크 지도부의 범죄적 행위에 대하여 반대의 목소리를 높이고 아르메니아인을 지지했다.

1915년 5월 13일 오스만 제국의 아르메니아인 대학살에 대해 터키 정부 인사들에게 개인적인 책임을 묻는 영국, 프랑스, 러시아의 공동성명이 런던, 파리,

페트로그라드에서 동시에 공표되었다. 이 문서와 여기에 명시된 이슈의 중요성을 고려한다면 그 전문을 소개하는 것이 타당하다고 생각된다.

"터키 당국의 명백한 승인과 때로 직접적인 도움 하에 아르메니아에서는 투르크인과 쿠르드인에 의한 아르메니아인 학살이 이번 달 내내 지속되었다. 4월 중순에는 에르주룸, 비틀리스, 무쉬, 사순, 제이툰, 시실리아 전체에서 아르메니아인 대학살이 자행되었고 반 부근의 수백 개 마을 주민들이 죽임을 당했다. 반의 아르메니아인 거주지역은 쿠르드인의 공격을 받았다. 이러한 가운데 콘스탄티노플의 터키 정부는 평화로운 아르메니아 시민들을 감금하고 말할 수 없는 고통을 가하였다.

인류와 문명에 대해 터키가 자행한 이 새로운 범죄를 고려할 때, 러시아, 프랑스, 영국의 동맹정부는 이 범죄의 모든 책임이 학살을 자행한 지방 대표부를 비롯한 터키 정부에게 있다는 것을 쉬블림 포르테에게 공식적으로 선포하는 바이다."[16]

영국-프랑스-러시아의 공동성명은 매우 중요한 공식문서이다. 그것은 20세기 최초로 정부와 그 관료들이 저지른 범죄와 손실에 있어 그들에게 공동의 혹은 개별의 책임이 있다는 주장을 수용한 문서이다.

이러한 태도는 훗날, 특히 유대인 홀로코스트의 범죄에 책임이 있는 나치 독일 통치자들을 재판하고 그들에게 사형을 선고했던 뉘른베르크 재판 이후 국제법과 세계 여러 나라에 의하여 공통적인 승인을 받았다.

불행하게도, 아르메니아인 제노사이드는 자신의 뉘른베르크를 갖지 못했다.

아르메니아인 제노사이드에 관심을 가졌던 인물 중에는 로마 교황 베네딕투스 15세가 있다. 1915년 9월 10일, 그는 1909년 압둘 하미드 2세를 권좌에서 끌어내리고 그 자리를 차지했던 오스만 제국의 술탄

16) Svet(Light), No 124, May 13, 1915.

모하마드 5세에게 아르메니아인에게 행해지는 학살을 중지하라고 호소하면서 '죄 없는 민족' 아르메니아인의 학살에 대해 청년 투르크의 범죄자들을 신랄하게 비난하였다.[17)]

아르메니아인 제노사이드는 무슬림 세계에서도 비난을 받았다. 무슬림의 공적 인물들은 터키 통치자들이 아르메니아인에게 하는 행위가 이슬람의 원칙에 어긋나는 것으로 간주했다.

이런 면에서 헤가즈의 감독관이자 전 세계 무슬림의 영적 고향인 메카의 샤리프로서 이슬람 세계에서 최고의 권위를 지닌 후세인 이븐 알리 알-하쉬미 Hussein ibn Ali al-Hashimi가 보인 태도는 매우 중요한 의미를 지닌다. 그는 예언자 무하마드의 직계 후손이었는데 이러한 조건은 그의 말에 특별한 동기를 부여했다.

후세인 이븐 알리는 1916년과 1917년에 무슬림들

17) 로마 교황 요한 바울 2세는 아르메니아의 기독교 국교 선포 1700주년 기념식에 참여하기 위해 2001년 9월 26일 예레반을 방문하였을 때 이를 기억했다. 그는 제노사이드 기념관을 방문하고 침묵의 벽(Wall of Silence)에 베네딕투스 15세의 기념패를 걸었다. 이 기념패에는 다음과 같이 새겨져 있다. "신이여, 이 민족의 아들들의 고통을 기억하시고 아르메니아에 축복을 내려주소서"("Hayastani Hanrapetutiun," September 27, 2001, Yerevan, p.1).

에게 연설을 했다. 그는 이 두 번의 연설에서 청년 투르크의 연합과 진보 위원회와 그 지도부인 탈라트, 엔베르, 제말을 신랄하게 비판했다. 그는 이들이 잘못된 정책과 엉성한 조직으로 제국을 파멸로 이끌었다고 주장했다. 그는 특히 제국 내 비투르크 민족에 대한 청년 투르크의 정책을 비난하면서, 자신의 의견을 증명하기 위해서 괄목할 만한 세 가지 주장을 하였다.

첫째, 제국의 모든 민족을 투르크족으로 바꾸려는 청년 투르크의 시도.

둘째, 아랍과 아랍어에 대한 적대감. 아랍어가 전 세계 무슬림의 성서인 코란Koran의 언어임에도 불구하고 그들은 학교, 공공기관, 법원에서 이를 금지시켰다.

후세인 이븐 알리는 또한 청년 투르크의 대표적인 반아랍 범죄정책으로써 제말 파샤Cemal pasha의 직명에 따라 자행된 아랍의 명망 있는 민족적·정치적 인사 21명의 교수형을 예로 들었다.

셋째, 전쟁 기간 동안 제국 내 모든 아르메니아인

의 대량 살육.[18)]

메카의 샤리프 후세인 이븐 알리는 당시 오스만 제국에 대항하는 아랍 저항군의 수장이었던 자신의 아들 에미르 파이살emirs Faisal과 압델 아지즈 알-자르바이에게 아르메니아인 대학살에 대하여 특별히 호소했다. 그는 대학살에서 생존한 아르메니아인을 도와주고 보호하라고 명령하면서, "너 자신과 너의 자식, 너의 재산을 보호하는 것처럼 하라. 왜냐하면 그들은아르메니아인들 무슬림의 짐미들zimmis이기 때문이다."[19)]

그는 청년 투르크를 강력히 비나하면서, 이슬람 세계와 신성한 코란, 수나Sunnah* 와의 관계를 끊을

---

18) See: The Arabic Sources on the Crime Aimed to Exterminate Armenians, Beirut, 1988 (in Arabic).

19) Ibid.: 'Zimmi'는 문자 그대로는 '피후견인', 혹은 '후견'을 의미한다. 중세 아랍-이슬람 관습법에 따르면, 이들은 국경에 거주하는 자들로서, 무슬림은 아니지만 무슬림의 성서를 지니고 있다. 이들은 기독교인, 유대인, 조로아스터교인 등으로서 자신의 성서인 성서(Holy Bible), 토라(Torah), 아베스타(Avesta)를 갖고 있었다. 이들에게는 자신의 종교를 고백하고 유지할 권리가 있었고 생명, 자유, 재산의 불가침성이 보장되었다. 다시 말해 이슬람 국가와 코란은 이들을 후견하였고, 이들의 권리를 침해하거나 더 나아가 인종적-종교적 차이로 후견하는 짐미를 살해하는 것은 허용되지 않는 것으로 간주되었다. See: Islam, Abridged Guide, Moscow, 1993, p.37.

* '관행'을 뜻하는 아랍어

것을 요구했다. 왜냐하면 그들의 행위는 이슬람의 덕성과 공통되는 것이 하나도 없기 때문이었다.

터키의 동맹국인 독일과 오스트리아-헝가리도 아르메니아인 대학살에 관해 잘 알고 있었다. 터키에서 근무하는 외교관이 그들의 정부에 보낸 수많은 비밀편지가 이를 입증한다. 이 중에서 독일 대사와 영사가 보낸 편지는 특별히 중요한 의미를 갖는다.

1915년 6월 터키 주재 독일 영사 쇼이브너Shoibner는 다음과 같이 보고했다. “아르메니아인들은 모든 평원에서 쫓겨났습니다. 아마 에르주룸에서 쫓겨나서 데우르 아즈-조르로 가게 될 것입니다. 이러한 대규모 추방은 대량살상과 다름이 없습니다. 교통수단 하나 없는 상황에서 목적지까지 도착할 때쯤이면 추방된 이들의 반도 살아남지 못할 것이기 때문입니다. 이것은 아르메니아인뿐 아니라 전 국토를 파괴하는 일이 될 것입니다.”[20)]

이 편지에는 아직 또 다른 중대한 정보는 포함되어

---

20) Deutschland und Armenien, 1914~1918, Sammlung Diplomatischer Aktenstucke, Herausgegebenund Eingeleitet von Dr.Johannes Lepsius, Potsdam, 1919, s.80.

있지 않았다. 그것은 아르메니아인을 무슬림으로 개종시키는 것을 말한다. 독일 영사가 대사관에게 보내온 정보에 따르면, "이슬람으로 개종한 아르메니아인은 추방당하지 않았다."[21] 이것은 제노사이드 정책의 잠재적 표명이었다. 국제 제노사이드 기구에 따르면, 개인이나 개별 집단을 다른 종교로 강제 개종시키는 것, 혹은 그러한 조건을 은연중에 강요하여 그들로 하여금 자신의 종교를 거부하고 다른 종교를 받아들이도록 유인하는 것은 그들에 대한 제노사이드 정책을 적용하는 것으로 간주된다.

터키 주재 독일 대사 반겐하임Wangenheim이 독일 장관 베트만-홀베그Bettmann-Holweg에게 보낸 보고서는 더욱 중요한 가치를 갖는다. 1915년 7월 7일 날짜로 보낸 것이 특히 그러한데, 여기서 독일 대사는 아르메니아인의 대규모 추방에 대해 이야기를 하면서 다음과 같은 결론을 내렸다.

21) Ibid.

"이러한 행동과 추방 방식은 정부가 오스만 제국 내에서 아르메니아인을 절멸시키려 한다는 충분한 증거입니다."22)

이 모든 사실에도 불구하고 당시 아르메니아 대학살을 막을 수 있는 유일한 국가였던 독일은 미동도 하지 않았다. 그러므로 아르메니아인 제노사이드에 있어 독일 황제가 상당 부분 유죄라는 관점도 충분히 성립되는 것이다.

전 세계 수많은 나라의 공인, 정치인, 종교인, 작가, 과학자, 예술가들이 목소리를 높여 아르메니아인의 수호와 저항을 외쳤다. 그중에는 영국의 제임스 브루스 경Lord James Bryce과 20세기 가장 위대한 역사학자의 한 명인 아놀드 토인비Arnold Toynbee, 독일의 프로테스탄트 목사 요하네스 렙시우스Johanes Lepsius, 아르민 베그네르Armin Vegner, 카를 리프네흐트Karl Liebknecht, 로자 룩셈부르크Rosa Luxemburg, 프랑스의 아나톨 프랑

22) Ibid., s.94.

스Anatole France와 로망 롤랑Roman Rolland, 노르웨이의 프리드토프 난센Fridtjof Nansen, 러시아의 막심 고리키Maxim Gorky, 발레리 브류소프Valery Brusov, 유리 베셀로프스키Yuri Veselovsky, 저명한 아랍의 정치인이자 공적 인물인 파예즈 엘-호세인Fayez el-Ghoseyn과 그 밖의 많은 사람들이 포함되어 있었다.

터키 정부의 제노사이드 정책에 대한 보다 포괄적인 이해를 위해 또 다른 중요한 문제를 숙고할 필요가 있는데, 이는 아르메니아인 제노사이드의 원인을 보다 깊이 이해하는데 도움을 줄 것이다.

그것은 몇몇 비투르크 민족들, 즉 아시리아인, 그리스인, 아랍인들 역시 제1차 세계대전 기간에 아르메니아인과 함께 제노사이드의 대상이 되거나 그 위험에 처해 있었다는 것이다.

1915년 터키 정부는 '순수' 투르크 민족 국가의 창조라는 계획을 실행하기 위해 기독교도인 아시리아인에 대해서도 제노사이드를 실행했다. 몰살 계획은 아르메니아인과 공동거주지인 아르메니아의 반, 비틀리스, 디야베키르 빌라예트와 제국 내의 비아르메니아 지역인 하콰리, 우르미아, 그리고 우르파, 아다나와 그 밖의 다른 지역이 해당되었다.

아시리아인 제노사이드는 말할 수 없이 잔혹했다. 이 사건에 대한 여러 신빙성 있는 자료와 사료들을 읽으면서 냉정을 유지하는 것은 전혀 불가능하다. 1915년 6월 5일, 투르-아브딘Tur-Abdin 지역에서 터키의 무장부대와 '하미디에' 일당에 의해 자행된 아시리아인 학살에 대한 자료를 살펴보자. 자료에 따르면, 수만 명의 아시리아인들이 죽임을 당했다.

"어린아이의 해골이 바위에 부딪쳐 산산이 부서졌다. 무슬림으로 개종하지 않거나 강간에 저항하는 여자와 소녀의 신체는 산 채로 조각조각 난도질당했다. 남자들은 거의 대부분 목이 잘리거나 가까운 강에 던져졌다. 목사, 수도사, 수녀들은 산 채로 가죽이 벗겨지고 불태워졌다."[23]

---

23) Documentation on the Genocide Against the Assyrian-Suryoye-Chaldean-Arameic People (Seyto), 1999, p.9.

이러한 상황은 다른 지역과 빌라예트에서도 거의 비슷했다. 디야베키르 빌라예트에서는 수천 명의 아시리아인과 칼데아인 기독교도들에게 끔찍한 학살이 자행되었다. 마르딘과 우르파에서는 천주교인들이 살해되었다. 50만 명의 아시리아인, 혹은 전체 민족의 3분의 2가 청년 투르크의 제노사이드 정책의 희생물이 되었다.

1914~1918년 오스만 제국에 거주하는 그리스인에 대해서도 똑같은 제노사이드 정책이 실행되었다. 콘스탄티노플, 스미르나, 트라브존, 노스 폰투스 전체와 그 밖의 제국 내 다른 지역에 거주하는 그리스인이 폭력, 압박, 추방, 살해의 대상이 되었다. 청년 투르크는 1914년 한 해에만 9만 명의 그리스인을 마케도니아와 소아시아에서 추방하였고, 1916년에는 폰투스에 거주하는 그리스인을 학살하기 시작했다. 그리스에서는 이 비극의 날을 제노사이드 추모일로 지정하고 있다.

청년 투르크가 추구하는 강력한 투르크화는 기독

교인뿐 아니라 무슬림 사회 또한 겨냥하고 있었다. 그렇지만 오스만 제국을 순수한 투르크 혈통의 국가로 전환시키는 것은 가능하지 않았다. 이를 명확히 보여주는 예가 아랍인에 대한 정책이다.

아랍의 민족적 정치적 인사들과 역사가들 사이에서는 청년 투르크가 제1차 세계대전 중에 아르메니아인과 함께 아랍인 몰살정책을 계획했다는 의견이 지배적이다. 권위 있고 박식한 아랍 역사가 아민 사이드Amin Said에 따르면 전쟁 초기 독일-터키 진영의 성공은, "이스탄불 지도자들의 머리를 이상하게 만들었고 그들은 판-투르키즘의 에너지로 가득 차게 되었다. 그들은 두 개의 강력한 민족주의 운동을 종식시킬 때가 되었다고 결정했다. 그 하나는 시리아, 이라크, 헤자즈에서의 아랍 민족주의 운동이고, 다른 하나는 동 아나톨리아에서의 아르메니아인 운동이다." 아랍 역사가들은 청년 투르크 지도부가 범죄를 저지르면서 "아르메니아인과 아랍인 두 민족을 완전히 몰살시키려고 시도했다"고 전했다.

푸아드 하산 하피즈Fuad Hasan Hafiz, 사미르 아르바쉬Samir Arbash, 살리흐 자히르 아드-딘Salih Zahr ad-Din, 아사드 다히르Asad Dahir와 그 밖의 다른 아랍 역사가들도 같은 의견이었다.

이와 같은 사실은 알레포의 추방 위원회의 대표인 압둘라하드 누리-베이Abdullahhad Nuri-Bey의 비서 나임-베이Naim-Bey가 작성한 서류에 다음과 같은 사실이 기록된 것으로써 증명된다. 두 사람의 대화를 기록한 이 기록은 훗날 "회고록"Memoirs으로 출판되는데, 이는 청년 투르크의 정책을 조명하는데 매우 유용한 자료가 된다. 나임-베이는 다음과 같이 기록했다.

언젠가 나는 압둘라하드 누리-베이에게 말했다. "베이 각하, 아르메니아인 추방을 덜 가혹하게 하는 것이 좋겠습니다. 그렇지 않으면 전 메소포타미아가 시체로 뒤덮일 것입니다. 그 넓은 땅에 살아있는 사람 하나 없고 악마만 남게 될 것입니다. 라술 아인Rasul Ayn의 행정관이 경고의 메시지를 보내왔습니다.” 누리-베이는 웃음을 터뜨렸다. “아들아,” 그는 말했다. “이런 식으로 우리는 두 위험 요소를 한 번에 제거할 수 있다. 아랍인들을 아르메니아인과 함께 죽이지 말라? 그것은 좋지 않다? 이런 방식이야 말로 투르키즘으로 가는 확실한 길이다.”

그러나 청년 투르크는 아랍인에 대한 제노사이드 정책을 실행하는데 성공하지 못했다. 1916년 아랍인들이 봉기를 일으켰고, 영국의 도움으로 300~400년 동안 오스만의 지배하에 있던 조국 땅을 해방시켰던 것이다. 이때 3천의 아르메니아 부대 혹은 동부부대가 아랍 해방군 병사들과 함께 싸웠다.

또 하나 언급해야 할 것은, 청년 투르크가 쿠르드인의 손을 빌어 아르메니아인과 아시리아인 제노사이드를 실행할 때, 목적을 달성한 다음에는 바로 그 쿠르드인을 살해했다는 사실이다. 이때 살해된 쿠르드인의 숫자는 80만 명에 육박한다.

이것이 바로 순수 투르크 민족 국가의 창조와 제

노사이드의 논리였다.

이렇게 해서 우리는 술탄 압둘 하미드 2세, 청년 투르크와 그 지도부 탈라트, 엔베르, 제말, 나짐, 샤키르 베하에딘 등이 계획한 아르메니아인, 아시리아인, 그리스인, 아랍인과 그 밖의 여러 민족들에 대한 범죄정책으로 인해 오스만 국가가 19세기 중반~20세기 초반에 제노사이드 국가로 발전되었고 제노사이드의 요람이 되었다고 결론내릴 수 있게 되었다.

서 아르메니아와 오스만 제국 전체를 통틀어 150만 명의 아르메니아인이 죽임을 당했고 수십 만 명이 강제로 추방당했다. 아르메니아인의 땅에서 그 원주민인 아르메니아인은 사라졌고 대지는 황폐해졌다.

아르메니아인은 조국 땅의 제일 커다란 부분인 서 아르메니아를 상실했다. 서 아르메니아는 아르메니아 고지대의 10분의 9에 해당하는 넓이를 지니고 있었다. 이제 아르메니아인에게는 영토의 10분의 1밖에 남아있지 않게 되었다. 현재 아르메니아 독립 공화국은 바로 이곳에 위치한다.

추방당한 아르메니아인들은 아시아, 유럽, 아메리카, 아프리카 등, 전 세계 각 대륙 각 나라에 흩어지게 되었다. 이곳에서 아르메니아인들은 자신의 민족, 교육, 문화, 성직자의 구조를 갖춘 공동체를 설립했다. 아르메니아 디아스포라가 형성되었던 것이다.

아르메니아인과 그 밖의 여러 민족들의 제노사이드는 오스만 제국에 그 흔적을 남겨놓았다. 이제 오스만 제국은 제노사이드 국가, 제노사이드의 조국으로 역사에 기록될 것이다.

아르메니아인 제노사이드 혹은 아르메노사이드는 20세기 역사에서 '검은 장'black page이 될 것이다.

아르메니아인 제노사이드의 승인

아르메니아인 제노사이드의 승인

지금으로부터 90년 전인 1915년, 아르메니아인 제노사이드가 자행되었을 때 인류는 그것이 지속될 것이라고 전혀 생각하지 않았다. 그렇지만 불행하게도 같은 종류의 범죄가 세계의 다른 대륙 다른 나라에서 발생했다. 이와 같은 사실은 제2차 세계대전 중에 나치 독일에서 행해진 그 광대한 스케일과 새롭고 '세련된' 집행 방법이 두드러진 유대인 제노사이드 혹은 홀로코스트를 언급하는 것만으로도 충분하다. 아르메노사이드와 홀로코스트의 뒤를 이어 캄보디아, 르완다, 부룬디, 발칸-유고슬라비아(보스니아, 헤르체고비나, 코소보), 에티오피아, 나이지리아(비아프라), 수단, 에콰도르 귀네아, 동티모르와 그 밖의 여러 나라에서 대량학살, 제노사이드 피의 사건, 인종청소가 행해졌다. 팔레스타인에서는 제노사이드적 성격의 유혈 충돌이 수십 년 동안 행해졌다. 우크라이나인들은 1930년대 소비에트 시기 우크라이나인에 대한 제노사이드가 자행되었다고 주장한다. 만일 한 민족의 총체적인 강제이주 또한 제노사이드의 요소로 간주한다면, 이와 같은 주장은 사실이 될 것이다. 그리고 1940년대 소비에트에 의한 북카프카스 원주민의 강제이주 역시 제노사이드의 범주에 속하게 될 것이다.

미국의 저명한 분쟁 연구가 바르바라 하프Barbara Harff는 제2차 세계대전 이후 지구상에서 48건에 달하는 제노사이드와 피의 학살이 행해졌다고 진술했다. 미국의 유명한 제노사이드 연구가 헬린 페인Helen Fein은 1960년대 이후를 제노사이드와 폴리티사이드Politicide(정치적 살인)의 시기로 간주했다.

이와 같이 제노사이드의 사슬과 그 특별한 연관고

리가 전 세계에서 행해진다고 할 때, 그 시작인 첫 번째 제노사이드는 바로 아르메노사이드가 되는 것이다.

모든 학자들의 말을 종합할 때, 제노사이드는 오스만 제국이라는 한 국가의 테두리를 넘어 그리고 아르메니아인이라는 한 민족의 현실을 떠나 국제적 현상으로 변화했다고 결론 내릴 수 있다.

결국 아르메니아인 제노사이드는 망각되어 회복될 수 없게 되었다. 1939년 8월 22일, 폴란드 침입에 앞서 오베르잘즈부르크에서 독일 최고사령관과의 미팅에서 히틀러가 그랬듯이 "누가 아르메니아인 제노사이드를 기억하겠는가?"라고 묻는 것이 불가능하게 되었던 것이다.

아르메니아인 제노사이드 이후 90년이 흘렀다. 긴 세월 동안 터키는 이 거부할 수 없는 역사적 사실을 끈질기게 부인하면서 책임을 회피해왔다. 현재 터키는 독일과는 전혀 다른 입장을 취하고 있다. 나치 독일의 패배 이후 취임한 독일 수상 콘라드 아데나워

Konrad Adenauer가 유대인 홀로코스트에 대해 독일의 범죄 사실을 인정하면서 예루살렘의 통곡의 벽Wailing Wall 앞에 무릎을 꿇고 공개적으로 용서를 빌었다는 것은 잘 알려진 사실이다. 이는 물론 독일의 국제적 위상을 높이는 결과를 가져왔다. 일본 정부는 제2차 세계대전 기간에 일본 병사가 행한 폭력에 대해 동남아시아 국민들의 용서를 구했다.

터키 공화국 정부도 이렇게 행동해야 했다. 아르메니아인 제노사이드가 행해지던 때 아르메니아인의 학살과 추방을 명령했던 오스만 터키의 통치자들이 제1차 세계대전 기간에 재판에 회부되었다는 것은 기이한 사실이다. 1919년 1월 술탄 메흐메드 6세 바히에딘의 명령에 따라 이전 정부와 청년 투르크 지도부를 재판하기 위한 특별군사법정이 열렸다. 오스만 군사법정은 전쟁 기간 동안 청년 투르크 지도부의 정책과 기독교인 그리고 무엇보다도 아르메니아인에 대해 행해진 범죄(대량살상, 강제추방)를 분석한 다음 청년 투르크 지도부와 대표적 인물들의 유죄를 확인했다. 1919년 4월 11일, 수상 사이드 할림Said Halim, 내무장관 탈라트, 국방장관 엔베르, 해군장관 제말, 닥터 나짐, 샤키르 베하에딘, 트라브존의 총독 아즈미에게 사형 선고가 내려졌다.[24]

그렇지만 오스만 법정의 합법적이고 공정한 판결은 집행되지 않았다. 범죄자들은 영국과 독일의 도움으로 터키를 떠나 독일, 말타, 이태리, 그루지야, 소아시아에 피난처를 얻었던 것이다. 이런 상황에서 아르메니아 조직 "네메시스"Nemesis* 는 오스만 법정을 대신하여 판결을 집행해야 할 책임을 졌다. 이에 로마에서 사이드 힐미가, 베를린에서 탈라트와 샤키르 베하에딘, 아즈미가, 트빌리시에서 제말이, 중앙아시아에서 엔베르가 각각 아르메니아 암살자의 복수의 총탄 아래 숨을 거두었다.

아르메니아인 제노사이드의 주요 관계자들에 대한 아르메니아 암살자의 사형 집행은 그들의 비밀범죄에 대한 정당한 징벌이었다.

---

24) The Armenian Genocide According to the Document of Trial upon the Young Turks. Preface, Transition from Turkish and Commentary by A. Papazyan, Yerevan, 1988.

* '복수'의 뜻

아사드 다히르, 아민 사이드, 푸아드 하산 하이즈, 모르반 알-무다바르 등 아랍의 역사가들은 아르메니아 암살자를 영웅으로 간주했다. 그들은 무고한 150만 아르메니아인 희생자들뿐 아니라 아랍인 희생자들 그리고 역시 1915~1916년 제말의 명령에 의해 교수형에 처해진 아랍의 민족적 정치적 엘리트에 대한 복수를 집행했던 것이다.

술탄의 법정이 할 수 없었던 일은 현대 터키의 지도부 또한 여전히 꺼려하고 있었다.

아르메니아인 제노사이드의 승인에 대한 이슈는 터키의 완강한 저항과 노력에도 불구하고 1960년대부터 새 국면에 들어섰다. 1915년 유혈사태는 수많은 국제조직, 기관, 국가에 의해 제노사이드로 간주되었다.

1983년 7월 24일, 세계교회회의World Council of Churches는 “아르메니아인 제노사이드” 이슈를 분석하고 아르메니아인에게 일어난 이 비극을 제노사이드로 규정하였다. 1987년 6월 18일, 유럽회의European Council는

"유엔의 제노사이드 범죄의 예방과 처벌에 관한 규정"에 따라 1915~1917년 오스만 제국에서 발생한 비극적인 사건을 제노사이드로 규정한다"는 정칙定則을 통과시켰다. 정칙에 따르면, "유럽 회의는 1915~1917년 아르메니아인에 대하여 조직한 제노사이드를 승인하도록 현재 터키 정부에게 압력을 행사해야 한다."

유엔위원회의 소수민족 차별 금지와 보호에 대한 인간권리 분과위원회 또한 아르메니아인 제노사이드의 승인에 대한 입장을 표현했다. 1973년에 열린 제26회 분과위원회 회의에 제출된 정칙의 30개 조항에서 아르메니아인 대학살은 "20세기 최초의 제노사이드"로 규정되었다. 이 조항은 1979년 분과위원회에 의해 재확인되었다. 1965년 7월 15일, 핀란드의 수도 헬싱키에서 개최된 세계평화지지위원회World Congress of Peace Supporters에서 아르메니아인 제노사이드가 승인되었고 터키 통치자들은 신랄한 비판을 받았다. 1984년 5월 13~16일 파리에서 열린 민족들의 상임법정특별회의the ad hoc Session of the Permanent Court of

Nations에서도 제노사이드가 승인되었다.

아르메니아인 제노사이드를 공식적으로 승인한 세계 15개국은 다음과 같다. 아르헨티나, 벨기에, 이태리, 캐나다, 시프러스, 레바논, 그리스, 네덜란드, 슬로바키아, 바티칸, 스웨덴, 스위스, 러시아, 프랑스, 우루과이.

1997년 4월 23일, 키르기스스탄 대통령 아카예프A.Akaev는 아제르바이잔 의회 밀리 마즐리스Milli Majlis에서 1915년의 제노사이드는 아르메니아인에 대해 자행된 것임을 선언했다.

아르메니아인 제노사이드가 아르메니아와 나고르노-카라바흐 공화국에 의해 승인된 것은 당연한 일이다.

국가뿐 아니라 아르메니아인에 대한 범죄를 승인하지 않은 국가 내의 주와 지방들도 1915년에 자행된 사건을 제노사이드로 규정하였다. 미국의 대부분의 주들이 이에 해당되는데, 이는 뉴욕, 메사추세츠, 캘리포니아, 코네티컷, 일리노이, 미시간, 뉴저지, 조지아, 메릴랜드, 오클라호마, 콜로라도, 아리조나, 알라스카, 버지니아, 오레곤, 워싱턴, 펜실베니아, 위스콘신, 로드 아일랜드, 뉴햄프셔 등 거의 40개 주에 달한다. 비록 미국이 아직 아르메니아인 제노사이드를 공식적으로 승인하지 않았지만, 몇몇 대통령들이 다양한 경로를 통해 이 역사적 사실을 인정했다. 1978년 5월 16일 미국의 민주당 대통령 지미 카터Jimmy Carter는 "전 세계는 지난 1916년 아르메니아인의 절멸을 위한 수단이 행해졌다는 것에 거의 주목하지 않았다. 그리고 뉘른베르크 재판도 열리지 않았다"고 말했다.[25] 미국의 공화당 대통령 로널드 레이건Ronald Reagan 역시 똑같은 시각을 견지했다. 그는 1981년 4월 22일 미국내 아르메니아인에 대한 아르메니아인 제노사이드 추모 연설에서 다음과 같이 말했다.

"홀로코스트의 교훈은 그 이전에 행해진 아르메니

25) L. Barseghyan, A Chronology of Formal Accusation and Recognition of Armenian Genocide (1915-2003), Yerevan, 2004, p.43.

아인 제노사이드나 그 이후에 행해진 캄보디아와 다른 여러 민족들의 제노사이드와 마찬가지로 결코 잊혀지지 않을 것입니다."

호주의 몇몇 주들과 영국의 웨일즈, 그리고 전 세계 여러 나라의 서로 다른 도시들도 아르메니아인 제노사이드를 승인했다. 몇몇 국가들은 아직 제노사이드를 공식적으로 승인하지는 않았지만 제노사이드 희생자들을 위한 추모비를 건립하였다.

앞서 말한 모든 것은 국제사회가 아르메니아인 제노사이드를 승인하는 방향으로 나아가고 있으며 이러한 과정이 탄력을 받는 분위기라는 것을 나타낸다. 슬로바키아와 네덜란드가 2004년 제노사이드 승인 국가에 합류하였다. 아르메니아인 제노사이드를 부정하려는 꾸준한 노력으로 터키는 점점 더 심하게 고립되고 있다. 이는 실패가 예정된 노력이다.

우리는 확신한다. 조만간 터키의 정치 무대에 터키의 콘라드 아데나워가 등장할 것이다. 그는 성 에치미아진 성당Saint Ejmiatzin*에서 대주교를 방문할 것이다. 그리고 고대의 벽ancient walls앞에 무릎을 꿇고 제1차 세계대전 기간 중에 청년 투르크 지도부에 의해 자행된 제노사이드에 대해 아르메니아인의 용서를 구할 것이다.

* 아르메니아 정교회의 중심지. 수도 예레반 근처에 위치한다.

:: 해설

왜 아르메니아인 제노사이드를 기억해야 하는가

이현숙

20세기는 '제노사이드(Genocide)의 시대'로 간주된다. 특정 집단의 절멸과 대량 학살을 의미하는 제노사이드는 1915년 오스만 제국 내의 아르메니아인 학살을 시작으로 제2차 세계대전 기간 나치에 의한 유대인 홀로코스트, 소비에트 연방 해체 이후 유고슬라비아 내전, 캄보디아의 킬링필드와 아프리카 르완다의 종족 분쟁에 이르기까지 전 세계 곳곳에서 발생하였다. 20세기에 제노사이드로 인한 사망자 수는 약 1억 7천만 명으로 산정된다.

제노사이드는 고대에도 있었지만 근대 민족 국가

형성과 결부되어 20세기에 그 발생 빈도가 급격히 증가하였다. 정체성이 형성되는 국가 건설 초기 통치자는 새로운 민족 국가의 신화를 창조하려 하고, 이러한 정치적 목적이 타민족에 대한 제노사이드로 나타나게 된 것이다. 오스만 제국에서 자행된 아르메니아인 제노사이드도 순수 투르크 민족 국가 창조라는 민족주의 이데올로기에서 비롯되었다.

13세기 말 콘스탄티노플을 수도로 건립된 오스만 제국은 그 세력이 정점에 이르렀던 16세기에는 서아시아, 북아프리카, 남유럽에 이르는 광대한 영토를 아우르고 경제적 번영을 구가하였다. 그러나 19세기에 이르러 심각한 쇠락의 길을 걷기 시작하였고 1914년에는 사실상 유럽과 아프리카의 거의 모든 땅을 상실한 상태가 되었다. 이에 제국은 정치적 경제적으로 막대한 압박을 받게 되었고 이는 민족적 긴장을 강화시켰다.

당시 서유럽 국가들은 이미 국민 국가 건설을 마치고 외부로 세력을 확장하면서 오스만 제국에 정치적 군사적으로 많은 영향력을 행사하고 있었다. 이때 서유럽의 근대적 사상은 제국에 거주하는 비무슬림들에게 자유사상과 민족의식을 고취시켰고 발칸에 거주하는 제국 내 소수민족은 오스만 제국으로부터 해방 운동을 전개하였다. 정치와 행정에 참여하고자 하는 기독교인 소수민족의 열망은 무슬림 투르크들의 의심을 야기했다. 오스만 제국의 통치자들은 발칸에서 일어나는 기독교인의 민족운동을 제국으로부터 분리 운동으로 간주하였다. 그리고 오스만 제국이 분열될 지도 모른다는 위기감에 휩싸였다.

1908년 청년 투르크라는 새로운 정치 세력이 오스만 제국의 정치 무대에 등장했다. 청년 투르크는 혁명을 일으켜 독재자 술탄 하미드 2세를 권좌에서 몰아내고 오스만 제국을 입헌군주국으로 복귀시켰다. 1913년 청년 투르크의 연합과 진보 위원회(CPU)가 혁명 정부의 수반으로 정권을 장악하게 되었다. 이를 주도한 것은 국방장관 엔베르, 내무장관 탈라트, 해군성 장관 제말 삼인방이었다. 연합과 진보 위원회는 민족주의 이데올로기를 내세우고 순수 투르크 민족 국가 건설을 주창하였다.

연합과 진보 위원회의 극단적 민족주의는 타민족에 대한 절멸 정책으로 이어졌다. 그 대표적인 예가 바로 아르메니아인 제노사이드였다. 제1차 세계대전 이전 오스만 제국에는 약 2백 만 명의 아르메니아인이 거주하고 있었는데 1922년 이 숫자는 50만이 채 못 미치는 것으로 나타났다. 150만 명 이상의 아르메니아인이 투르크인에 의해 죽임을 당하였던 것이다. 아르메니아인뿐 아니라 그리스인과 아시리아인 등 오스만 제국에 거주하는 다른 민족들에 대한 학살도 이 시기에 자행되었는데, 이 역시 제노사이드 범주에 속하는 것으로 간주된다.

제노사이드의 과정에서 행해진 추방령은 아르메니아인들을 물리적으로 제거하고 이들의 재산을 강탈할 수 있는 가장 손쉬운 방법이었다. 추방령의 실행으로 그리고 고대 민족의 3천 년 역사가 새겨진 아나톨리아 지방은 지도에서 사라졌다. 사회주의 혁명에 성공한 붉은 군대가 러시아에 남아있는 아르메니아를 소비에트 연방에 편입시켰을 때 아르메니아인에게 남겨진 땅은 이전에 소유했던 영토의 10분의 1에 지나지 않았다.

무엇보다 중요한 것은, 아르메니아인 제노사이드가 생존자들의 기억 속에 심각한 트라우마로 각인되었다는 것이다. 오스만 정권은 추방령 실행에 앞서 감옥에 수감 중인 죄수들을 석방하여 특수무장조직을 신설하였다. 범죄자들로 구성된 이 무장조직은 아르메니아인의 추방에서 호송을 담당하였는데 바로 그 과정에서 살인과 약탈, 폭행이 공공연히 자행되었던 것이다. 대부분 여자와 아이들이었던 추방자들은 무차별적으로 학살당했다. 사막 한가운데서 칼을 사용한 유혈 참사가 빈번했고 특히 여성에 대한 폭력이 횡행하였다는 사실은 아르메니아인 제노사이드의 야만성과 원시적 폭력성을 짐작하게 한다. 그 잔혹한 시각적 형상은 이를 목격한 사람들을 공황 상태에 빠뜨렸고 자신의 친지와 친구, 무고한 사람의 대량 학살을 기억하는 생존자들은 평생 치유되지 않는 트라우마를 지니게 살아야 했다.

오스만 제국의 후신인 터키 공화국은 아르메니아인 제노사이드를 부정하고 제노사이드의 희생자나 생존자에 대한 책임을 회피하고 있다. 터키 정부는 전쟁 중에 아르메니아인들이 러시아 군대와 내통했으므로 추방은 필연적이었고 만일 행군 도중 사망했다면 그것은 질병이나 나쁜 영양 상태 때문이라고 주장한다. 이들은 제1차 세계대전 중 오스만 제국에서는 아르메니아인에 대한 살육이 자행되지 않았다는 입장을 고수하고 있다. 이렇게 터키 정부가 아르메니아인 제노사이드를 부정하는 이유는 투르크 민족의 신화와 민주 공화국으로서의 정체성을 보존하려는 목적에서이다.

역사가 승자의 기억으로 기록될 때 승리 이면에 감춰진 비극은 생존자의 기억 속에 보존된다. 20세기 초 아르메니아인들이 오스만 정권에 의해 자행된 제노사이드를 겪었다면, 그 폭력과 반문명의 역사를 기억하고 트라우마를 치유하는 것은 후손들의 몫이 될 것이다. 그리고 이들과 함께 제노사이드의 역사를 공유하고 그 기억을 다음 세대에 전달하여 더 이상의 비극을 방지하는 것은 동시대인의 의무로 간주된다. 인간은 기억을 내면화함으로써 야만과 폭력의 역사로부터 삶의 가치를 보존할 수 있다. 우리가 아르메니아인 제노사이드를 기억해야 하는 이유가 바로 여기에 있는 것이다.

아르메니아인 제노사이드 개관

19세기 말 오스만 제국

19세기 오스만 제국에 거주하는 아르메니아인들은 대부분 아르메니아인 밀레트에 모여 살았다. '민족'을 의미하는 아랍어 '밀라(millah)에서 나온 '밀레트'(millet)는 오스만 제국 내의 신앙 공동체를 지칭하는 용어이다. 오스만 제국 내 주요 밀레트로는 아르메니아인 밀레트, 그리스 정교 밀레트, 유대인 밀레트, 시리아 정교 밀레트 등이 있었다. 아르메니아인들은 아르메니아 밀레트에 모여 살면서 콘스탄티노플의 아르메니아 대주교를 영적인 지도자로 삼았다.

비록 콘스탄티노플을 비롯한 서부 지방에서도 상당히 큰 공동체를 발견할 수 있긴 하지만, 아르메니아인 밀레트는 대부분 서 아르메니아라 일컬어지는 오스만 제국의 동부 지방에 집중되어 있었다. 지방

---

* 이 글에서 '아르메니아인 제노사이드'와 관련된 숫자와 데이터, 사건요목은 wikipedia를 참조하였다.

그림 1) 1911년 오스만 제국의 소수 민족 분포도. 오른쪽 빗금 부분이 아르메니아인과 쿠르드인 거주 지역이다.

에 위치한 밀레트에 거주하는 아르메니아인들은 위험에 노출되어 있었는데, 이들은 투르크인이나 쿠르드인에게 막대한 세금을 징수 당하고 약탈과 납치의 대상이 되는 한편, 이슬람으로의 개종을 강요당하고 있었던 것이다. 그렇지만 중앙권력과 지방권력 모두 이러한 행위를 묵인한 채 이를 제재하기 위한 그 어떤 조치나 간섭도 취하지 않았다.

19세기 중반 영국, 프랑스, 러시아 등 유럽의 강대국들은 제국에 거주하는 소수 기독교인에 대한 처우를 문제 삼아 오스만 정부를 압박했다. 이에 오스만 정부는 1839년부터 1876년까지 소위 '탄지마트'(Tanzimat, '개혁'을 의미)를 실행하게 된다. 그렇지만 제국 내 소수민족의 상황을 개선하기 위한 이 개혁은 현실화되지 못했다. 제국의 무슬림들은 기독교인들이 자신과 동등한 사회적 권리를 갖는 것에 심한 거부감을 표현했다.

1870년대 말 그리스를 위시하여 발칸 반도에 있는 기독교인들은 열강의 도움으로 오스만 제국의 테두리를 벗어나려고 시도하였다. 아르메니아인들은 처음에는 이러한 움직임에 대하여 수동적이었지만 개혁의 성과가 나타나지 않자 지식인들을 중심으로 해방운동이 전개되었다.

1876년부터 오스만 제국은 압둘 하미드 2세(Abdul Hamid II)가 통치하게 되었다. 하미드 2세는 제국 내에서 진행 중인 개혁을 은연중에 저지하면서 아르메니아인 학대에 관련된 보고는 과장이나 거짓된 것이라고 유럽 열강들에게 주장하였다. 1890년 하미드 2세는 쿠르드인 비정규군으로 구성된 군사 집단을 창설하고 자신의 이름을 따서 '하미디에'(Hamidiye)라고 명명했다. 하미디에군의 주요 임무는 '아르메니아인들을 자의적으로 처리'하는 것이었다. 1894년 사순과 1895~1896년 제이툰에서 봉기가 발생하였을 때 술탄의 군대는 무자비한 방법으로 이를 진압하였다.

이 사실이 알려지자 유럽 열강은 오스만 정부를 비난하였다. 1895년 10월 유럽 열강은 하미드 2세에게 하미디에군의 감축을 골자로 하는 문서에 서명하도록 하였다. 2천 명의 아르메니아인들이 콘스탄티노플에 모여 새로운 개혁의 실행을 탄원하였다. 그러나 오스만 제국의 경찰은 이를 무력으로 해산하였다. 그리고 콘스탄티노플에서 아르메니아인 대학살이 자행되었다. 학살은 비틀리스, 디야르베키르, 에르제룸, 하르푸트, 시바스, 트라브존, 반 등 제국 내 아르메니아인 거주 지역으로 확대되었다. 희생자 숫자에 대해서는 이견이 있지만, 약 100~130만 명의 아르메니아인이 살해된 것으

그림 2) 콘스탄티노플에 거주하는 아르메니아인들이 청년 투르크의
연합과 진보 위원회의 집권을 환영하고 있다.

로 추정된다. 이것이 바로 '하미디언 학살'(Hamidian massacres)로서, 이 사건으로 하미드 2세는 '피의 술탄', '위대한 암살자'란 칭호를 부여받았다.

1908년 7월 24일 살로니카에 주둔한 투르크 제 3군 장교들이 쿠데타를 일으켜 하미드 2세를 폐위시키고 오스만 제국을 입헌 군주국으로 복귀시켰다. 청년 투르크에 소속된 장교들은 오스만 제국의 행정 제도를 유럽식으로 개혁하고자 하였다. 장교들은 입헌주의자들과 민족주의자들, 두 그룹으로 나누어졌다. 전자가 보다 민주적인 경향을 지니고 아르메니아인들을 포용하는 입장이었다면 후자는 아르메니아인 관련 이슈를 거부하고 이들의 유럽 열강과의 관계에 보다 부정적인 입장을 표명하였다.

제1차 세계 대전

1914년 7월 28일, 오스트리아-헝가리가 세르비아에 선전 포고를 함으로써 제1차 세계대전이 시작되었다. 제1차 세계대전은 4년 4개월 동안 지속된 세계적 규모의 전쟁이었다. 이 전쟁에서는 영국, 프랑스, 러시아의 협상국(Entente Power)과, 독일 오스트리아-헝가리의 동맹국(Allied Power)이 양대 진영의 중심이 되어 전투를 벌였다. 오스만 제국은 1914년 8월 오스만-독일 비밀 동맹에 조인하면서 제1차 대전에 참여하게 되었다. 오스만 제국의 참전으로 러시아와 연합국 간에 흑해와 지중해로 통하는 해상 연결망이 붕괴되었고, 오스만 제국과 러시아 사이에 카프카스 전선이 형성되었다.

1914년 12월 24일 오스만 제국의 국방장관이자 군

최고 사령관인 엔베르는 사리카미쉬에서 러시아 카프카스 부대를 격파하고 1877~1878년 러시아-투르크 전쟁에서 빼앗겼던 영토를 회복하려는 야심찬 계획을 세운다. 이를 위해 오스만 군대는 사리카미쉬 전투에 총력을 기울였지만 러시아군에게 무참한 패배를 당하고 만다. 군사의 대부분을 잃고 콘스탄티노플로 돌아온 엔베르는 아르메니아인을 맹렬히 공격하면서 카프카스 전선의 패배의 책임을 전가했다.

엔베르가 아르메니아인을 비난하는 이유는 다음 두 가지 사실에 근거한다. 하나는 카프카스 전선에 주둔하는 러시아군 내의 아르메니아인의 존재이다. 1914년 여름 러시아 군대에 아르메니아 자원군으로 형성된 부대가 신설되었다. 이미 징집된 아르메니아 출신 러시아인은 유럽 전선으로 출정했으므로 새로운 부대는 징병 의무가 없는 혹은 러시아인이 아닌 아르메니아인으로 구성되었다.

다른 하나는 전쟁을 선포하기 전 오스만 정부가 에

르주름의 아르메니아 의회에서 러시아의 아르메니아인들에게 카프카스 전장에서 짜르 정부에 대하여 반란을 고무하도록 요청했던 사실이다. 그것은 오스만 군대가 카프카스 지역을 정복하는데 용이하게 하려는 목적에서였는데, 아르메니아인들은 이 요청을 받아들이지 않았던 것이다. 그리고 이러한 사실들이 오스만 제국으로 하여금 아르메니아인에게 러시아와의 내통 혐의를 씌울 수 있는 기재로 작용했던 것이다.

1915년 2월 25일 국방장관 엔베르는 오스만 군대에서 참전 중인 아르메니아인의 무장을 해제하고 노동 부대(터키어 amele taburiari)에 합류하게 하라는 명령을 하달했다. 오스만 군대에서 20세~45세 비무슬림 남자들은 정규군에 소속되었고, 이보다 어리거나(15~20세) 나이든(45~60세) 남자들은 노동 부대에서 배치되어 병참 업무에 활용되었다. 아르메니아인 병사의 무장 해제에 대하여 엔베르는 '러시아인과 내통할 위험이 있기' 때문이라고 설명했다. 비무장 병참부대로 차출된 아르메니아인은 대부분 투르크

무장 세력에 의해 살해되었다.

오스만 군대 내 노동부대의 학살은 이후 제국에서 벌어지는 제노사이드에 있어 중요한 이정표가 된다. <나임 베이의 회고록>(The Memoirs of Naim Bey)에 따르면, 징집된 아르메니아인들의 활동(무장) 부대에서 비활동(노동) 부대로의 이동과 이곳에서 아르메니아인의 학살은 연합과 진보 위원회의 사전 계획의 일부라고 기록 되어 있다.

그림 3) 1915년 반에서 아르메니아인 민병대가 오스만 군대에 대항하여 전선을 형성하고 있다.

1915년 4월 19일 오스만 정부는 아르메니아인들이 거주하는 반주(州)에 징집을 구실로 4천 명의 군사를 요구했다. 아르메니아인들은 이러한 요구가 아르메니아인 남자들을 살해하려는 의도임을 잘 알고 있었다. 아르메니아인들은 우선 5백 명을 제공했다. 그리고 시간을 벌기 위해 나머지 사람들을 대신하여 돈을 지불했다.

1915년 4월 20일 오스만 병사에 의해 아르메니아 여인이 괴롭힘을 당하고 그녀를 도와주던 두 명의 아르메니아 남자가 죽는 사건이 발생한다. 이윽고 반 레지스탕스의 무장 투쟁이 시작된다. 무장한 아르메니아 시민들은 오스만 군대에 대항하여 방어 전선을 구축했다. 아르메니아인들의 저항운동에 위협을 느낀 투르크 통치자들은 반에 거주하는 아르메니아인들이 러시아 군대와 내통 하였다고 선전하였고 이는 모든 아르메니아인에 대한 박해를 정당화하는 명분이 되었다.

대학살

1915년 4월 24일 내무장관 메흐메드 탈라트는 오스만 제국의 수도 콘스탄티노플에 거주하는 아르메니아인 지식인과 저명인사의 체포를 명령했다. 이날 내려진 명령서에서 탈라트는 아르메니아인들이 "오래 동안 행정 자치권을 추구했고 이러한 희망이 명확한 형태로 다시 나타났다. 적국 러시아의 아르메니아인들은 예전에 에르주룸 의회에서 결정했던 것에 부합하는 일에 가담했다"고 주장했다. 약 250명의 아르메니아 지식인들과 저명인사들이 오스만 정권에 의해 체포되었고, 현재 앙카라 부근 지역으로 호송되어 집단으로 처형당했다.

그림 4) 1915년 4월 24일 저녁 오스만 정부에
의해 체포된 아르메니아인 지식인들.

아르메니아 지식인들의 추방과 처형은 아르메니아인 제노사이드의 전조였다. 이후 오스만 제국 내에서는 여러 형태의 아르메니아인 학살이 자행된다. 오스만 정부가 제국 내에서 행한 범죄적 사실에 대하여 1919년 트라브존 연속 공판에는 다음과 같은 기록이 남아있다:

무쉬 근처 마을 전체의 주민을 모두 불태워 죽인 것에 대하여 "여러 캠프에서 모인 여자와 아이들을 처리하는 가장 손쉬운 방법은 그들을 불태우는 것이다"라고 진술되어 있다. 그리고 "이러한 장면을 목격한 터키군 포로들은 공포에 질렸고 그 장면을 떠올리며 미쳐버렸다. 그들은 다음에도 며칠 동안 타버린 인간의 살의 냄새가 공기에 남아있었다고 러시아인들에게 말했다."

흑해에서 아르메니아인들이 물에 빠져 죽은 사실이 증언되었다. 트라브존의 미국 영사 오스카 하이저(Oscar S. Heizer)는 "많은 아이들을 보트에 태워 바다로 내보내고는 배 밖으로 던져버렸다"라고 보고했다. 1915년 트라브존의 이태리 영사 지아코모 고리니(Giacomo Gorrini)는 "수천 명의 여자와 아이들을 태운 보트가 흑해에서 뒤집히는 것을 보았다"라고 증언했다.

정신의학과 의사 로버트 제이 리프톤(Robert Jay Lifton)은 독극물과 관련하여 나찌 의사들의 범죄를 소개하면서 "아마 아르메니아인 제노사이드에 관여한 터키 의사들도 이와 유사한 행동을 했을 것이다"라고 말했다.

트라브존 보건소 감독관 닥터 지야 푸아드(Dr. Ziya Fuad)는 보고서에서, 닥터 사이브(Dr. Saib)가 모르핀을 주입함으로써 아이들의 죽음을 초래했다고 썼다. 이 정보는 트라브존 레드 크레센트(Red Crescent; '붉은 초승달')

병원의 의사이자 닥터 사이브의 동료인 두 명의 내과 의사에 의해 제공된 것으로 추정된다. 레드 크레센트는 이 흉악한 범죄가 자행되었던 곳이다.

닥터 지아 푸아드와 트라브존 공공 보건소 소장인 닥터 아드난(Dr. Adnan)에 따르면 두 개의 학교 건물에 어린 아이들을 모아 독가스가 설치된 2층에서 죽였다고 했다.

외과의사 닥터 하이다르 제말(Dr. Haydar Cemal)은 다음과 같이 증언했다. “티푸스가 퍼져 심각한 문제가 되었던 1916년 1월 제 3군의 위생부 책임자의 명령에 따라 에르지칸으로 추방이 예정되어 있던 아르메니아인들에게 장티푸스 환자의 피를 ‘비활성화’시키지 않은 채 주입했다.”

제레미 휴 바론(Jeremy Hugh Baron)의 보고에 따르면, “의사 개개인이 학살에 직접 관련되어 있다. 그들은 유아를 독살하고 어린아이를 죽이고 자연사 한 것처럼 거짓 증명서를 만들었다. 나짐의 매부인 보건소의 감독관이자 소장인 닥터 테브픽 루쉬두는 6개월에 걸쳐 아르메니아인의 시체를 처리하느라 수천 킬로의 석회로 사용했다. 그는 1925년에서 1938년까지 외무부 장관으로 재직했다.”

추방

1915년 5월 내무장관 탈라트는 총리인 사이드 할림(Said Halim)에게 아르메니아인들을 다른 지역으로 강제 이주시키는 방안을 법제화할 것을 요청했다. 그는 "나라 곳곳에서 아르메니아인의 폭동과 학살이 일어나고 있다"고 말하면서 특히 반에서 일어난 '폭동과 학살'을 강조했다. 그러면서 탈라트는 아르메니아인의 폭동이 다른 지역으로 확대되어 카프카스 전선의 안보에 영향을 미칠 것이라고 주장했다.

그리고 5월 29일 추방에 관한 임시 법안(Temporary Law of Deportation)이 통과되었다. 일명 '테지르법'(Tehcir Law; 추방법)으로 알려진 이 법에 따라 오스만 정부와 군 당국은 국가 안보에 위협이 되는 것으로 '감지되는' 모든 사람을 추방할 수 있는 권한을 갖게 되었다. 또한 이 법에서는 피추방자의 재산에 관한 몇몇 방안들이 제시되어 있는데, 이에 따라 오스만 정부는 아르메니아인의 모든 '유기된' 재산을 소유할 수 있었다.

그림 5) 1915년 오스만 무장 군인에 의해 인근 메지레의 감옥으로 호송되는 아르메니아 시민들.

오스만 정권은 제국에 거주하는 아르메니아인들이 오스만 제국의 안보에 위협이 되는 존재라고 선전하기 시작했다. 제국의 수도 콘스탄티노플에는 이 거대한 범죄를 정당화하기 위해 필요한 광범위한 선전 자료가 준비되어 있었다: "아르메니아인들은 적과 내통했다. 그들은 이스탄불에서 봉기를 일으키고 연합과 진보당의 지도자들을 살해하고 다르다넬스 해협을 개방할 것이다."

오스만 정부는 제국 내 아르메니아인의 절멸을 위한 '특수 무장 조직'을 창설하였다. 새로 형성된 이 조직은 1913년 테슈킬라트-이 마수세라는 이름을 부여받았다. 1914년 11월 124명의 죄수가 피미안 감옥으로부터 석방되었고 석방자 수는 점차 수백 명에서 수천 명으로 늘어났다. 석방된 죄수들은 이 조직의 구성원이 되어 추방된 아르메니아인들을 호송하는 업무를 맡았다. 오스만 제 3군 사령관 베히프는 이 조직의 구성원들을 가리켜 "인간 종족의 도살자"라고 불렀다.

아르메니아인들은 현재 시리아가 위치한 메소포타미아와 그 주변 사막을 행군했다. 추방은 죽음을 예정하고 이를 유도하는 조건 하에서 행해졌다. 물과 식량은 물론 생존을 위한 물품이나 설비는 하나도 공급되지 않았다. 극히 예외적인 경우를 제외하고는 그 어떤 은신처도 없었다. 추운 기후에서 온 사람들은 뜨거운 태양 아래서 힘없이 쓰러졌다. 대부분의 아르메니아인들이 사막을 행군하면서 죽음을 맞이했다.

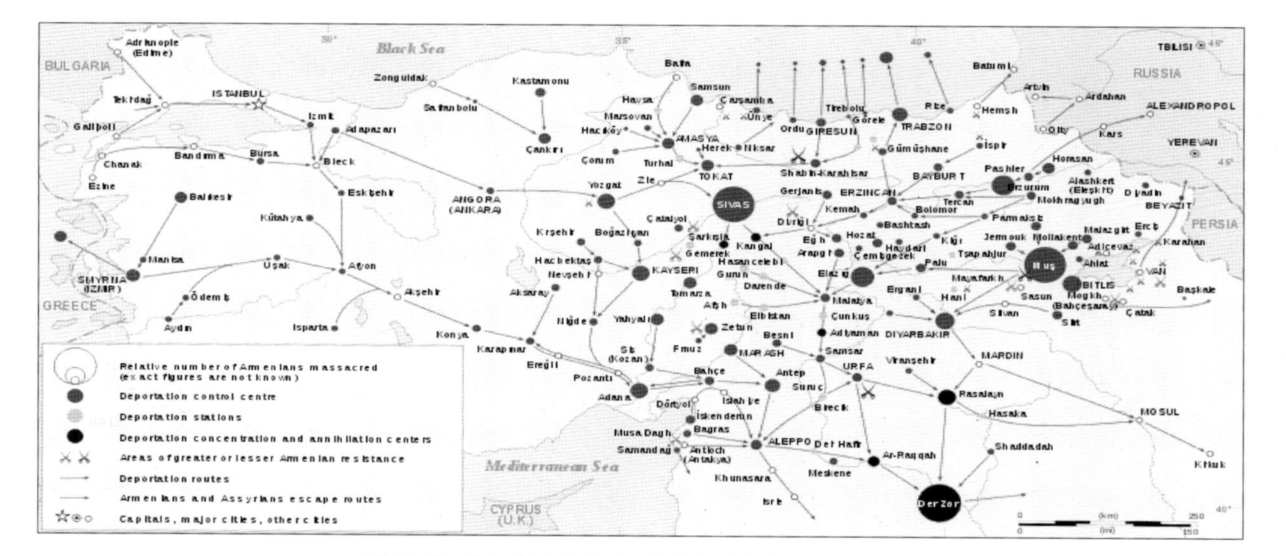

그림 6) 아르메니아인의 추방 경로와 학살 지역. (photo by Sémhur)

추방법의 시행과 이 법에 수반하여 진행되는 아르메니아인의 학살은 서방 세계 국가들을 격분하게 했다. 1915년 5월 24일 3국 협상국은 오스만 제국에게 다음과 같이 경고했다. "인류와 문명을 거역하는 터키 정부의 새로운 범죄를 주시하면서 우리는 쉬블림 임 포르테에게 공식적으로 포고한다. 이 모든 범죄에 대하여 그 학살을 집행한 요원들뿐 아니라 오스만 정부의 모든 관료들 개개인에게 책임이 있는 것으로 간주된다."

오스만 제국의 동맹국인 독일과 오스트리아에도 아르메니아인의 학살과 굶주림, 이로 인한 죽음을 목격한 이들의 공포를 증언하는 사료가 대량으로 발견되고 있다. "투르크 정부의 목적은 아르메니아인을 모두 살해하고 아르메니아인의 재산을 몰수하는 것이다. 탈라트 정부는 터키 내부뿐 아니라 터키 외부에 있는 아르메니아인들까지 모든 아르메니아인을 파괴하고자 했다. 티플리스에 있는 나에게 도착한 모든 뉴스와 보도를 종합하여 볼 때, 투르크인들이 아직까지 남아있는 수십 만 명의 아르메니아인들을 체계적으로 절멸시키려는 목적을 갖고 있다는 것은 의심의 여지가 없다" - 오스만 제국 내의 독일 군사 전권 대사 오토 폰 로소(Otto von Lossow) 소장은 1918년 바투미에서 열린 회의에서 이렇게 말했다.

미국의 뉴욕 타임즈는 거의 매일 아르메니아인의 대량 학살에 대해 보도했다. 1915년 8월자 보도에 따르면, "유프라테스강 위로 추방자들의 시체가 떠다녔다. 살아남은 사람들에게는 또 다른 죽음이 예정되어 있었다. 이것은 아르메니아인 전체를 절멸시키려는 계획이다"라고 보도되었다. 그리고 뉴욕 타임즈는 이를 '정부에 의해 조직된' 체계적'이고 '권력화된' 것으로 묘사하였다. 테오도어 루즈벨트(Theodore Roosevelt)는 훗날 이를 일컬어 "가장 커다란 전쟁 범죄"라고 규정했다.

그림 7) 이 사진에 대한 미국 대사의 증언에 따르면 "이와 같은 장면은 1915년 봄 여름 몇 달 동안 아르메니아 전 지역에 걸쳐 일반적인 것이었다. 온갖 형태의 죽음–대학살, 굶주림, 피로–가 피난민 대부분을 쓰러뜨렸다. 터키의 정책은 추방의 가면을 쓰고 몰살시키는 것이었다."

그림 8) 에르진잔에서 학살된 아르메니아인들의 잔해.

그림 9) 죽은 아이의 시체를 안고 있는 아르메니아 여인.

에필로그

1.

오스만 제국에서 자행된 제노사이드로 인해 얼마나 많은 아르메니아인들이 목숨을 잃었는지 공인된 통계는 없다. 다만 1914년에서 1918년까지 약 60만(현재 터키 정부)에서 150만(서구 학자들) 명 이상의 아르메니아인들이 사망했다는 것이 서구 학자들의 일반적인 견해이다. 현재 전 세계에 형성되어 있는 아르메니아 디아스포라 역시 아르메니아인 제노사이드의 결과이다.

아르메니아인 제노사이드는 인명 피해뿐 아니라 물적 자산과 문화유산의 손실을 수반했다. 아르메니아인 소유의 기업과 농장이 유실되었고, 학교, 교회, 병원, 고아원, 수도원, 묘지 등이 터키의 국가 재산에 귀속되었다. 1916년 1월 오스만 제국은 제국의 경계 내에서 아르메니아인의 재산을 정부에 귀속시키는 금융 제도에 관한 법령을 발표했다. 기록에 따르면, 6백만 터키 금파운드와 함께 부동산, 현금, 은행 적립금, 보석이 몰수되었는데, 이 재산은 모두 도이치 은행과 드레스덴 은행 등 유럽 은행으로 흘러들어갔다.

아르메니아의 문화, 종교, 역사, 공동체 유산의 파괴는 아르메니아인 제노사이드의 주요 목적의 하나였다. 반을 비롯한 여러 도시에서 아르메니아인 거주지는 폐허가 되었고, 아르메니아인의 교회나 수도원은 파괴되거나 모스크로 바뀌었다. 1914년 콘스탄티노플의 아르메니아 대주교는 자신이 관할하는 아르메니아의 신성한 장소의 리스트를 제시했다. 리스트에는 2,549곳의 종교 유적지가 포함되어 있는데, 그 중에서 200곳은 수도원이고 1,600곳은 교회였다. 1974년 유네스코 발표에 따르면, 1923년 이후 913개 이상의 아르메니아의 역사적 기념물이 동 터키에 남았는데, 이 중 464개는 완전히 파괴되었고 252개는 폐허가 되었으며 197개는 수리를 요한다.

2.

1919년 술탄 메흐메드 6세는 제1차 세계대전 기간에 청년 투르크의 연합과 진보 위원회의 위원들에 대한 재판을 오스만 군사 재판소에 명했다. 군사 재판소는 연합과 진보 위원회가 밀레트의 개념에 적합하지 않게 전쟁을 수행한 것을 비난했다. 1919년 1월 술탄 메흐메드 6세에게 보내는 보고서에서 130명 이상의 용의자들이 고소를 당하였는데 그들 대부분이 고위 장교였다. 군사 재판소는 이들을 유죄로 선고하고 공식적으로 연합과 진보 위원회를 해체했다. 그러나 탈라트와 엔베르를 포함하여 부재중 사형을 언도 받은 대부분의 피고인은 제1차 세계대전 말 오스만 제국을 탈출하는데 성공했다. 그들은 유럽과 그 근방의 나라들에 거주하고 있었다.

1921년 3월 15일 독일의 수도 베를린의 샤를로텐부르크 지역에서 오스만 제국의 전 내무 장관 탈라트가 살해당했다. 대낮이었고 많은 사람이 보고 있었다. 탈라트의 죽음은 제노사이드 입안자들을 암살하기 위해 1920년대 결성된 아르메니아의 비밀 조직 '네메시스'(Nemesis)작전의 일부였다.

탈라트의 암살자 소호몬 텔리리안에 대한 재판은 당시 국제연맹에서 '야만성'(barbarity)이나 '반달리즘'(vandalism)에 대한 반대 운동을 벌이고 있던 폴란드계 유대인 변호사 라파엘 렘킨에게 커다란 영향을 주었다. 렘킨은 1943년 '제노사이드'(Genocide)란 용어를 고안했다.

3.

2010년 3월 4일 미국 연방하원의 외교위원회에서는 제1차 세계대전 당시 터키가 아르메니아인 150만

명을 집단학살했다는 비난 결의안이 통과되었다. 버락 오바마 미국 대통령은 2008년 대선 후보시절 터키의 대량학살에 의한 아르메니아인들의 희생을 언급하면서 자신이 당선되면 아르메니아인 학살을 역사적 사실로 인정하겠다고 약속했다. 그렇지만 대통령 취임 후 이 공약은 이행되지 않았고, 더 나아가 백악관은 터키와의 관계를 우려해 여러 경로를 통해 하원의 외교위원회가 결의안을 채택하지 않도록 집요하게 로비를 하기까지 했다. 그럼에도 불구하고 결의안은 통과되었고, 이에 반발한 터키는 미국 주재대사를 소환하는 등 미국과 터키 사이에 심각한 외교적 갈등이 빚어졌다.

2010년 3월 5일 아르메니아인 제임스 바쉬안(James Bashian)은 뉴욕 타임즈의 하원 외교위원회의 결의안 통과에 관한 기사("House Panel Assails Genocide of Armenians, Defying Obama and Angering Turkey", March 5, 2010)와 관련하여 타임즈 편집장에게 다음과 같은 메일을 보냈다.

전 세계에 흩어져 살고 있는
아르메니아인들에게
그들의 선조에 대해 묻는다면,
당신은 역사의 교훈을 얻게 될 것입니다.

어디에 살고 있던지, 그들은
1915년 터키의 야만적 정책에 의해
도시와 지방에서 학살된 아르메니아인들을
구체적이고 생생하게 묘사할 것입니다.

이 이야기는
아르메니아인의 후손에게 전해져 내려 왔습니다.

모든 아르메니아인은
터키의 심한 정치적 압박 속에서도
이 사건을 증언하고 제노사이드 승인을 요구하는 작업을
끊임없이 지속해 왔고, 앞으로도 그러할 것입니다.

우리에게 길은 하나입니다.
우리 가족과 우리 민족에게 일어났던 일을
우리는 태생적으로 기억하고 있습니다.

제노사이드에 관한 유일한 진실은,
그 목격자는 결코 사라지지 않는다는 것입니다.

James Bashian
New York, March 5, 2010

그림 10) 1967년 예레반에 건립된 제노사이드 추모비. 매년 4월 24일 수십만 명의 아르메니아인들이 이곳을 찾아 꺼지지 않는 불에 꽃을 바친다. (photo by Bouarf)

니콜라이 호바니시안
(Nikolay Hovhannisyan)

아르메니아 국립 과학아카데미 동방학연구소 소장, 아르메니아 분쟁해결센터 소장, 아르메니아 대서양협회 회장.

뉴욕 과학아카데미 회원, 국가안보에 관한 국제과학 아카데미(모스크바) 회원, '아라라트' 국제 과학아카데미(파리) 회원, 국제 자연과학과 사회과학 아카데미 회원, 국가지리협회(미국) 회원, 시리아과학협회 회원.

전공 분야: 중동 국가들의 역사, 국제와 지역의 관계, 정치적 이슬람, 인종적 정치적 분쟁, 제노사이드학 등.

1989년 브리티시 아카데미의 초청으로 왕립국제관계연구소와 런던 대학에서 연구를 수행했고, 1993~1994년 워싱턴 D.C.의 조지 워싱턴 대학에서 풀브라이트 펠로우로 연구했다. 1995년 미국의 메릴랜드 대학과 국제개발과 분쟁조정센터의 초청을 받아 "분쟁의 파트너: 코카서스 지역 평화의 다리 건설" 프로젝트를 연구했다.

32편의 단행본을 비롯한 약 400여 편의 학술 논문의 저자로서, 아르메니아, 캐나다, 독일, 영국, 헝가리, 이태리, 러시아, 미국, 레바논, 시리아, 이라크, 쿠웨이트 등 세계 각국에서 출판되었다. 이 중에서 40여 편 이상의 논문이 아르메니아인 제노사이드와 제노사이드학에 관한 것으로 다음과 같은 논문들이 포함되어 있다:

「아르메니아의 새 역사에 대한 아랍의 역사 편찬」(1993, 러시아어), 「아르메니아인 제노사이드. 아르메노사이드」(2002, 영어), 「제노사이드학의 개념체계에서 아르메니아인 제노사이드」(2002, 아르메니아어), 「아랍의 역사 과학의 연구 시각에서 아르메니아인 제노사이드」(2004, 아르메니아어), 「아르메니아인 제노사이드」(2005, 독일어, 영어, 러시아어, 프랑스어).

이현숙

인문학 및 지역학 연구가. 고려대학교 노어노문학과를 졸업하고 모스크바 국립 대학에서 러시아 상징주의 전공으로 박사학위를 취득했다. 2010년 “S.파라자노프의 카프카스 연작 텍스트와 크로스컬처의 문제”로 한국연구 재단의 지원을 받았고, 현재 충북대학교에서 <카프카스 워크숍>을 진행하고 있다. 주요 논문으로는「러시아 상징주의의 니체: 가치의 재평가와 미래의 문화 창조」,「소비에트 러시아의 정체성과 여행 시네마」,「소비에트 초기 공간 지도 형성과 시네마 네트워크」,「그루지야 문화의 가치 체계와 요셀리아니 영화의 안티 소비에트쿠스들」 등이 있다. 역서로는『스크린과의 대화』(2005),『페테르부르크』(2006)가 있고,『일리야 레핀: 천 개의 얼굴 천 개의 영혼』(2008, 공저)을 저술하였다.

아르메니아인 제노사이드

초판인쇄 | 2011년 11월 1일
초판발행 | 2011년 11월 1일

지 은 이 | 니콜라이 호바니시안
옮 긴 이 | 이현숙
펴 낸 이 | 채종준
펴 낸 곳 | 한국학술정보(주)
주 소 | 경기도 파주시 문발동 파주출판문화정보산업단지 513-5
전 화 | 031) 908-3181(대표)
팩 스 | 031) 908-3189
홈페이지 | http://ebook.kstudy.com
E-mail | 출판사업부 publish@kstudy.com
등 록 | 제일산-115호(2000. 6. 19)

ISBN 978-89-268-2781-9 93330 (Paper Book)
978-89-268-2782-6 98330 (e-Book)